P.

Echt
österreichisch
kochen

Ulli Amon-Jell
Renate Wagner-Wittula

Echt österreichisch kochen

Mit Fotos von
Peter Barci

Pichler

Am besten schmeckt's,
wenn man mit lieben Menschen
gemeinsam an einem großen
Tisch mit vielen Köstlichkeiten
und gutem Wein tafelt.

Ihre

Ulli Amon-Jell

Inhalt

Vorwort

Eine Küche ohne all die liebgewonnenen Speisen, die uns so wohltuend an unsere Kindheit erinnern – unvorstellbar! Flaumige Eiernockerl, gefüllte Kalbsbrust, Schinkenfleckerl oder süße Obstknödel – das sind Rezepte unserer Omas und Uromas, die wir bewahren müssen. Tradition ist schließlich nur dann vorhanden, wenn sie auch in Erinnerung behalten wird. Geschieht das nicht, verblasst sie – bis sie schließlich ganz verschwindet.

Genau das wollen wir mit dem vorliegenden Kochbuch verhindern. Gemeinsam mit Renate Wagner-Wittula habe ich mich auf Spurensuche begeben und all jene Rezepte festgehalten, die mir besonders am Herzen liegen. Sie sind Paradebeispiele der österreichischen Küche und dürfen einfach nicht in Vergessenheit geraten.

Viele dieser Gerichte standen und stehen in meinem Wirtshaus in Krems seit jeher auf der Speisekarte. Diese Klassiker manchmal ein wenig abzuändern, macht mir ganz besonders großen Spaß. Traditionelle Semmelknödel mit anderen raffinierten Zutaten wie etwa Maroni, Aranzini oder Dörrzwetschken zu verfeinern oder aus Blunz'n und Grammeln ein Risotto zu zaubern – da sind der Kreativität keine Grenzen gesetzt. Die zahlreichen Tipps im Buch für Abwandlungen der Rezepte mögen auch Sie dazu ermuntern, Ihrer Fantasie freien Lauf zu lassen. Erlaubt ist, was gefällt und schmeckt!

Natürlich habe ich den Blick über den Tellerrand nicht außer Acht gelassen, bin mir jedoch immer selbst treu geblieben. Meine wichtigsten Kritiker waren und sind meine Gäste. Jeden einzelnen Gast mit all seinen Sinnen glücklich zu machen, war immer mein oberstes Ziel. Die nächste Generation steht mit meinem Sohn Laurent schon in den Startlöchern. Gott gebe uns die Kraft, das altehrwürdige Wirtshaus noch viele Jahre zu bewirtschaften.

In diesem Sinne wünsche ich viel Erfolg beim Nachkochen und guten Appetit!

Ihre Ulli Jell

Österreichisch kochen

Echt österreichisch zu kochen bedeutet für mich: Respekt und Achtung vor der Natur, Respekt vor den Lebensmitteln, Respekt vor den Tieren. Mir persönlich liegt es daher am Herzen, sowohl die Herkunft als auch die Produzenten der Lebensmittel zu kennen. Dass dabei die nächstgelegenen Lieferanten – wie etwa unser Frischmarkt in Krems oder mein „Henderl-Bauer" – bevorzugt werden, ist für mich eine Selbstverständlichkeit.

Damit's sicher gelingt

SYMBOLE

SCHWIERIGKEITSGRAD

leicht

mittel

schwer

ZUBEREITUNGSZEIT

PORTIONEN

DURCHMESSER

ABKÜRZUNGEN

EL   Esslöffel
TL   Teelöffel
MIN. Minute
MSP. Messerspitze
STD. Stunde

PORTIONSGRÖSSEN: Wenn nicht am Beginn der Rezepte anders angegeben, ergeben diese **jeweils 4 durchschnittlich große Portionen.**

SCHWIERIGKEITSGRAD: Wir unterscheiden zur besseren Orientierung zwischen leicht zu bewältigenden, wenig aufwändigen Rezepten ❗, solchen Gerichten, die etwas mehr Erfahrung und Arbeit erfordern ❗❗, und eher aufwändigen Rezepten mit mehreren Arbeitsschritten ❗❗❗.

ZUBEREITUNGSZEIT: Die Zeitangabe am Beginn jedes Rezepts bezieht sich – sofern keine weiteren Informationen beigefügt wurden – auf die gesamte Zubereitungszeit inkl. Vorbereitung, Gar-/Backzeiten etc. Längere Einweich- und Kühlzeiten werden separat aufgeführt, detaillierte Angaben finden Sie zudem bei den einzelnen Arbeitsschritten.

BACKROHR: Die Angaben für Backdauer und -temperatur beziehen sich auf handelsübliche Elektrobacköfen mit Ober-/Unterhitze. Durch die Verwendung von Heiß- bzw. Umluft oder eines Gasbackofens ist mitunter eine Abänderung der Angaben notwendig. Im Allgemeinen kann man die Temperatur bei Heiß- bzw. Umluft um 15–20 °C reduzieren. Lernen Sie Ihr Gerät kennen und passen Sie unsere Angaben an Ihre Bedingungen an.

ZUTATEN: Qualitativ hochwertige Zutaten aus der Region sind die Grundlage für authentischen Geschmack, biologischer Anbau schont zudem die Umwelt. In diesem Sinne gilt für alle unsere Rezepte: Kaufen Sie wo möglich vor Ort, besuchen Sie Märkte, Fleischhauer und Produzenten persönlich und verzichten Sie auf industriell gefertigte Lebensmittel. Denn auch das gehört für uns zu echtem Genuss!

HYGIENE & VORBEREITUNG: Saubere Arbeitsbedingungen und gewaschene Hände sollten beim Kochen und Backen eine Selbstverständlichkeit sein. Besonders bei der Lagerung und Verarbeitung von Fleisch, Fisch, Eiern und Milchprodukten ist Vorsicht geboten.
Auch Gemüse, Obst, Kräuter etc. müssen vor ihrer Verwendung selbstverständlich gründlich gewaschen und wenn nötig geschält bzw. zugeputzt werden. Diese Schritte werden in den Rezepten nicht extra erwähnt, sondern vorausgesetzt.

DEKORATION & ANRICHTEN: Hier sind der Kreativität natürlich keine Grenzen gesetzt! Hinweise dazu finden sich in den Rezepten und den Tipps. Inspiration liefern auch die Rezeptfotos.

VEGETARISCHE REZEPTE: Die echt österreichische Küche ist über weite Strecken eine „Fleischküche" – nichtsdestotrotz lassen sich viele Rezepte unkompliziert vegetarisch abwandeln. Hinweise dazu finden sich in den Tipps, insbesondere sei natürlich auch die traditionelle Mehlspeisküche empfohlen. Einen Menüvorschlag finden Sie auf S. 9.

ÖSTERREICHISCH – DEUTSCH: In diesem Buch haben wir uns ganz bewusst für die österreichischen Bezeichnungen von Zutaten und Gerichten entschieden – und auch so manche regionale Besonderheit einfließen lassen. Sprachliche Unterstützung bietet im Fall der Fälle das Glossar auf S. 185 f.

Gemeinsam genießen

MENÜVORSCHLÄGE

Das schnelle Menü

Matjesfilet auf Apferl-Lauch-Marinade
Bärlauchomelett mit Schafkäse
Heidelbeerdalken

Das Wochentagsmenü

Rindsuppe mit Butternockerln
Schinkenfleckerl im Rohr gebacken
Grießflammeri mit marinierten Erdbeeren

Das Sonntagsmenü

Spinatbiskuitroulade mit Schinken-Topfen-Fülle
Gefüllte Kalbsbrust mit Erbsenreis (Risipisi)
Wachauer Torte > *Fotos*

Das Festtagsmenü

Gebeizte Lachsforelle auf Senfgurken-Birnen-Ragout
Erbsensuppe mit gebackenem Kalbsbries
Ente in Orangensoßerl mit Maroniknöderln und Apfelrotkraut
Mandelkoch mit Sabayon

Das leichte Menü

Tafelspitzsulzerl mit Paprika-Jungzwiebel-Vinaigrette
Welsfilet in Riesling gedünstet
Schneenockerl mit Vanillesauce

Das vegetarische Menü

Grießnockerlsuppe
Parasolpilze im Röstimantel
Schokolade-Nuss-Koch mit Schokoladesauce

In einem Land, in dem Suppen eine so große Rolle spielen wie bei uns, da haben es andere Vorspeisen schwer. Eigentlich schade, denn mit Sülzchen, Terrinen und anderen kleinen Leckereien hat auch die österreichische Küche so einiges zu bieten. Luftige Forellen- oder Geflügellebernockerl, eine kleine Portion Tafelspitzsulzerl oder pikanter Liptauer auf reschem Wachauer Laberl – das sind kulinarische Vorfreuden, die bei meinen Gästen erst so richtig den Appetit wecken.

Mein Geheimtipp

Die nahezu in Vergessenheit geratenen
Gefüllten Eier auf Gemüsemayonnaise

Vorspeisen.

Tafelspitzsulzerl
mit Paprika-Jungzwiebel-Vinaigrette

🍴 | ⏱ 40 MIN. + EINIGE STD. KALT STELLEN

TAFELSPITZSULZERL

300 g gekochter Tafelspitz oder mageres Rindfleisch

120 g Karotten und Gelbe Rüben

2 kleine Essiggurkerl

24 g Gelatine (ca. 14 Blätter)

Ca. 500 ml entfettete Rindsuppe (> S. 38)

Salz & Pfeffer

Öl für die Form

VINAIGRETTE

2 Paprikaschoten (Farbe nach Belieben)

2 hartgekochte Eier

3 Frühlingszwieberl

8 Kapern

1 EL Essig

125 ml Olivenöl (oder anderes Öl, z. B. Distel-, Rapsöl)

Evtl. 1 Prise Staubzucker

1 EL fein geschnittener Schnittlauch

Salz

> Foto: Zwei fantastische Sulzerl: rechts das Tafelspitzsulzerl mit Vinaigrette, links die Haussulz mit Birnenmostessig-Fisolen (> S. 14)

TAFELSPITZSULZERL: Das gekochte Rindfleisch, die Karotten und Rüben sowie die Essiggurkerl in kleine Würferl schneiden. Gelatineblätter ca. 3 Minuten in Wasser einweichen.

Inzwischen die Rindsuppe aufkochen, Gelatine einrühren und mit Salz und Pfeffer abschmecken. Gurkerl, Gemüse- und Fleischwürfel beigeben.

Eine (oder mehrere kleine) Form(en) mit Öl ausstreichen und mit Frischhaltefolie auslegen (so hält diese besser). Die Masse einfüllen und kalt stellen, bis die Sulz fest geworden ist.

VINAIGRETTE: Die Paprikaschoten entkernen und ebenso wie Eier, Frühlingszwieberl und Kapern feinwürfelig schneiden.

In einer Schüssel Essig mit etwas Wasser und Öl verrühren. Salzen und evtl. je nach Geschmack einen Hauch Staubzucker beigeben. Mit den klein geschnittenen Zutaten und dem Schnittlauch vermengen. Die Vinaigrette kühl etwas ziehen lassen.

ANRICHTEN: Gestockte Sulz aus der Form stürzen, portionieren und auf Tellern anrichten. Mit der Vinaigrette beträufeln und auftragen.

Haussulz mit Birnenmostessig-Fisolen und Kürbiskernöl

🍴 ｜ ⏱ 2 STD. + EINIGE STD. KALT STELLEN

HAUSSULZ

Ca. 2 kg Schweinshaxerl
und Schwarten
1 Schuss Essig
1 Stammerl Liebstöckel
1 kräftige Prise Thymian
1 kräftige Prise Majoran
Ca. 10 schwarze Pfefferkörner
3 (bunte) Karotten
Öl für die Form

BIRNENMOSTESSIG-FISOLEN

Ca. 500 g Fisolen
1 kleine Zwiebel
1–2 EL Birnenmostessig
(oder anderer guter Essig)
Honig
Grüne Pfefferkörner
Salz

ANRICHTEN

2 EL Kürbiskernöl
Evtl. hartgekochte Eier
zum Garnieren

> *Foto: S. 13*

HAUSSULZ: Zunächst die Schweinshaxerl und Schwarten mit Wasser bedecken, aufkochen lassen und den aufsteigenden Schaum mit einem Schöpflöffel abheben (abschäumen). Einen Schuss Essig hinzufügen, sämtliche Gewürze sowie die Karotten zugeben und das Fleisch langsam ca. 1½ Stunden weich kochen.

Weich gekochtes Fleisch und die Karotten aus dem Sud nehmen. Das Haxerlfleisch von den Knochen lösen (wenn die Haxerl lange genug langsam gekocht wurden, fällt das Fleisch fast von alleine von den Knochen) und etwas überkühlen lassen.

Fleisch sowie Karotten in kleine Streifen schneiden. Den Sud abseihen und mit einem Schöpfer das Fett von der Oberfläche abschöpfen (entfetten). Die geschnittenen Fleischstreifen und Karotten wieder beigeben und alles nochmals kurz aufkochen. Mit Salz abschmecken.

Eine passende Form (Pasteten- oder Rehrückenform, aber auch kleine Portionsformerl) mit Öl ausstreichen und mit Frischhaltefolie auslegen (so hält diese besser). Die Masse einfüllen und kühl stellen. Dabei evtl. – bevor die Masse stockt – in der Form etwas umrühren, damit sich das Fleisch nicht am Boden absetzt.

BIRNENMOSTESSIG-FISOLEN: Die Fisolen putzen und dabei die Fäden abziehen. In einem Topf Salzwasser aufkochen, Fisolen zugeben und bissfest kochen (alternativ im Dampfgarer garen). Abseihen und mit kaltem Wasser abschrecken.

Zwiebel in feine Würfel schneiden und mit Essig, etwas Honig, Salz und Pfefferkörnern vermengen. Die gekochten Fisolen damit marinieren.

ANRICHTEN: Haussulz aus der Form stürzen und portionieren. Mit den marinierten Fisolen anrichten, mit etwas Kürbiskernöl beträufeln und nach Belieben mit hartgekochten Eiern garnieren.

MEIN TIPP

Statt mit Fisolen serviere ich die Sulz auch gerne mit einer Eiervinaigrette (> S. 12).

Liptauer

🍴 | ⏱ 15 MIN.

Die Butter rechtzeitig aus dem Kühlschrank nehmen und Raumtemperatur annehmen lassen.

Kapern auf ein Schneidbrett geben und mit dem Messer leicht andrücken. Sardellen ebenfalls mit einem Messer oder einer umgedrehten Gabel zerdrücken.

Die zimmerwarme Butter in eine Schüssel geben und aufschlagen. Mit Brimsen vermengen und die restlichen Zutaten zugeben. Mit Paprikapulver, Kümmel, Salz und Pfeffer pikant würzen.

In einer dekorativen Schüssel anrichten und vor dem Servieren nach Belieben mit Paprikapulver bestreuen.

600 g Brimsen (> Tipp)
300 g Butter
1 TL Kapern
1 TL Sardellen
2 EL gehackte Petersilie
2 EL gehackter Schnittlauch
2 EL Zwiebelwürfel
Etwas edelsüßes Paprikapulver
1 TL gemahlener Kümmel
1 EL Senf
Salz & Pfeffer

 MEIN TIPP

Dieser Aufstrich ist in unserem Haus seit Generationen ein äußerst beliebtes Jausengericht, zu dem wir natürlich echte Wachauer Laberl oder frisches Schwarzbrot reichen.
Am besten schmeckt Liptauer übrigens, wenn er nach dem Originalrezept mit echtem Brimsen, also Schaffrischkäse aus der Slowakei, zubereitet wird. Da Brimsen nicht immer und überall erhältlich ist, empfehle ich als Ersatz Topfen oder Gervais – beides in bester Qualität, versteht sich.

Geflügellebernockerl
mit Sauce Cumberland

🍴 | ⏱ 24 STD. MARINIEREN + 30 MIN. + 1–2 STD. KALT STELLEN

GEFLÜGELLEBERNOCKERL

350 g Geflügelleber (von
Henderl, Gansl oder Ente)

Weinbrand & Portwein zum
Marinieren

350 g Butter (+ etwas Butter
zum Anrösten und für die
Form)

Evtl. Pastetengewürz

Salz und weißer Pfeffer

Öl für die Form

SAUCE CUMBERLAND

250 g Preiselbeermarmelade

1 EL Orangen- & Zitronen-
zesten (Schalen)

125 ml Rotwein

Saft von 1 Zitrone &
2 Orangen

Salz & Pfeffer

GEFLÜGELLEBERNOCKERL: Die Geflügelleber sorgfältig putzen, dabei alle Äderchen und Häutchen entfernen. In eine Schüssel geben und mit Salz, Pfeffer und evtl. auch Pastetengewürz würzen. Mit etwas Weinbrand sowie Portwein übergießen und abgedeckt 24 Stunden marinieren.

Am nächsten Tag die Leber in Stücke schneiden. In etwas Butter anrösten und braten. Mithilfe einer Teigkarte die gebratene Leber durch ein Haarsieb passieren und etwas überkühlen lassen.

Die Butter über Dunst leicht schaumig schlagen, die Lebermasse unterziehen und mit Salz und Pfeffer abschmecken.

Eine passende Terrinenform mit Öl ausstreichen und mit Frischhaltefolie auslegen (so hält diese besser). Folie mit zerlassener Butter bestreichen, die Masse einfüllen und kühl stellen.

SAUCE CUMBERLAND: Die Preiselbeermarmelade durch ein Sieb streichen und passieren.

Die Orangen- und Zitronenzesten mit einem scharfen Messer in sehr feine Streifen schneiden, in Rotwein aufkochen und etwas einkochen lassen. Vom Herd nehmen und erkalten lassen.

Mit den passierten Preiselbeeren sowie dem Fruchtsaft vermengen und würzig abschmecken.

ANRICHTEN: Aus der durchgekühlten Geflügellebermasse mit einem Löffel Nockerl stechen oder das Parfait stürzen und in Scheiben portionieren.

Mit der vorbereiteten Sauce Cumberland auftragen.

MEIN TIPP

Feine Gerichte brauchen auch feine Beilagen. Also passen zu diesen aparten Geflügellebernockerln beispielsweise in etwas Butter angeröstete Brioche- oder Toastbrotscheiben ganz besonders gut.

Blunz'npudding mit Erdäpfel-Kren-Soßerl und Weingartenpfirsichkompott

BLUNZ'NPUDDING 🍴 ┊ ⏱ 30 MIN. + KALT STELLEN
SOSSERL ⏱ 20 MIN. ┊ KOMPOTT ⏱ 15 MIN.

BLUNZ'NPUDDING: Blunz'n (ohne Haut) zweimal durch den Fleischwolf drehen (faschieren).

Schlagobers schlagen. Gelatine in etwas Portwein einweichen, ausdrücken, in ca. 2 Esslöffeln Portwein erwärmen und darin auflösen.

Gelatine und geschlagenes Obers unter die Blutwurstmasse mengen und mit Salz, Pfeffer sowie Majoran abschmecken.

Eine große Form oder mehrere kleine Portionsförmchen mit flüssiger Butter ausstreichen, die Masse einfüllen und einige Stunden kühl stocken lassen.

ERDÄPFEL-KREN-SOSSERL: Den Erdapfel schälen, in grobe Würfel schneiden und weich kochen.

Dann durch die Erdäpfelpresse drücken und mit einem Schuss Essig, Salz, Pfeffer sowie etwas Majoran pikant abschmecken.

Kren nach Geschmack untermischen und mit flüssigem Obers zu einer sämigen Sauce rühren.

WEINGARTENPFIRSICHKOMPOTT: Pfirsiche halbieren, entkernen und in Spalten schneiden.

Wein in einen Topf gießen und mit sämtlichen Gewürzen, Zucker und Zitronensaft aufkochen lassen. Pfirsiche einlegen und einmal aufkochen. Vom Herd nehmen und überkühlen lassen.

ANRICHTEN: Gestockten Blunz'npudding aus der Form stürzen, bei Bedarf portionieren und anrichten.

Mit Erdäpfel-Kren-Soßerl und dem Pfirsichkompott garnieren.

BLUNZ'NPUDDING

1 kg Blunz'n (Blutwurst)

500 ml Schlagobers

8 Blatt Gelatine

Etwas Portwein zum Einweichen

1 Prise Majoran

Salz & Pfeffer

Butter für die Form

ERDÄPFEL-KREN-SOSSERL

1 großer mehliger Erdapfel

1 Schuss guter Wein- oder Apfelessig

Etwas Majoran

Ca. 2 EL frisch gerissener Kren

4 EL Schlagobers

Salz & Pfeffer

WEINGARTENPFIRSICH-KOMPOTT

1 kg Weingartenpfirsiche

250 ml Weißwein

1 kleine Vanilleschote

½ Zimtstange

1 Gewürznelke

60 g Kristallzucker

Saft von 1 Zitrone

Spinatbiskuitroulade
mit Schinken-Topfen-Fülle

🍴 | ⏱ 40 MIN.

SPINATBISKUITROULADE

3 Eier
1 TL Öl
1 EL passierter Spinat
(auch Tiefkühlspinat)
30 g Stärkemehl
30 g glattes Mehl
Salz

SCHINKEN-TOPFEN-FÜLLE

4 EL Schinkenwürferl
2 Blatt Gelatine
125 ml Schlagobers
130 g Topfen (Raumtemperatur)
1 TL frisch gerissener Kren
1 EL fein geschnittener Schnittlauch
Evtl. Salz & Pfeffer

ANRICHTEN

Evtl. etwas Schinken
Evtl. frische Kräuter

SCHINKEN-TOPFEN-FÜLLE: Gelatine in Wasser einweichen und währenddessen das Obers steif schlagen.

Den Topfen mit Kren und Schnittlauch vermengen.

Gelatine aus dem Wasser geben, in einem kleinen Topf mit sehr wenig Wasser lauwarm schmelzen und flott unter den Topfen rühren. Obers unterheben und zum Schluss die Schinkenwürferl einrühren. Bei Bedarf nachwürzen.

SPINATBISKUITROULADE: Die Eier trennen und die Dotter mit Öl und Spinat vermengen.

Eiklar mit einer Prise Salz zu festem Schnee schlagen, Stärkemehl einrühren und die Dotter-Spinat-Mischung zugeben. Abschließend das Mehl unterheben.

Ein Backblech mit Backpapier auslegen und die Masse etwa ½ cm dick auftragen. Im vorgeheizten Backrohr bei 230 °C ca. 8–10 Minuten backen.

FERTIGSTELLEN & ANRICHTEN: Biskuit aus dem Backrohr nehmen und noch heiß auf einen weiteren Bogen Backpapier stürzen. Das obere Papier behutsam abziehen und das Biskuit locker zu einer Roulade einrollen. Etwa ½ Minute warten, dann wieder aufrollen.

Mit der vorbereiteten Schinken-Topfen-Creme bestreichen. Wieder einrollen, fest in Alufolie wickeln und erkalten lassen.

In Scheiben schneiden und nach Belieben mit etwas Schinken oder frischen Kräutern kalt servieren.

MEIN TIPP

Ich liebe diese pikante Biskuitroulade, weil man sie schier endlos abwandeln kann und so immer wieder eine neue Köstlichkeit kreiert. Statt Spinat verwende ich je nach Saison auch Bärlauch, Dille, Schnittlauch oder andere Kräuter, auch Paradeismark oder Käse machen sich im Teig sehr gut.
Bei der Fülle ist ebenfalls alles erlaubt: statt Schinken beispielsweise Räucherlachs, gekochtes Gemüse, Lauch, Ricotta, Räucherforelle, geräucherter Truthahnschinken und vieles mehr.

Gefüllte Eier auf Gemüsemayonnaise

🍴 | ⏱ 45 MIN.

MAYONNAISE: Bei der Zubereitung von selbst gerührter Mayonnaise müssen alle Zutaten Raumtemperatur haben, damit sie nicht gerinnt: Daher alle Zutaten rechtzeitig aus dem Kühlschrank nehmen!

Dotter mit Suppe, Staubzucker, einem Spritzer Zitronensaft, Salz und weißem Pfeffer mit dem Mixer aufschlagen und das Öl unter ständigem Rühren langsam einlaufen lassen, bis eine homogene Masse entsteht.

GEMÜSEMAYONNAISE: Karotten- und Selleriewürferl in etwas Salzwasser weich kochen, dabei etwas später die Erbsen zugeben und ebenfalls kochen. Alles abseihen und abtropfen lassen.

Den Apfel entkernen und ebenso wie die Essiggurkerl in feine Würferl schneiden. Mit dem gekochten Gemüse in einer Schüssel vermengen, Joghurt zugeben und mit ca. 2 Esslöffeln hausgemachter Mayonnaise verrühren. Würzig abschmecken und auf Teller auftragen.

GEFÜLLTE EIER: Die Eier schälen, der Länge nach halbieren und die Dotter vorsichtig herauslösen.

Butter schaumig rühren. Dotter passieren (durch ein feines Sieb streichen) und mit Topfen, Curry, etwas Senf und Salz unter die Butter mengen.

Die Masse in einen Dressiersack füllen und auf die Eierhälften dekorativ aufspritzen. Mit Kaviar garnieren und auf die Gemüsemayonnaise setzen.

MEIN TIPP

*Die für dieses Rezept benötigte Menge an Mayonnaise ist sehr klein, doch Sie werden sehen, wie rasch auch der Rest „verschwunden" sein wird: Besonders fein schmeckt auch Erdäpfelsalat mit hausgemachter Mayonnaise (> S. 96). Für herrlich altmodische **Schinkenrollen** tragen Sie etwas Gemüsemayonnaise auf stärker geschnittene Schinkenblätter auf und rollen diese zusammen. Und für **klassische russische Eier** wird die Hälfte der Eier mit Gemüsemayonnaise gefüllt. Die restlichen Eierhälften werden verkehrt mit der Rundung nach oben auf die Gemüsemayonnaise gesetzt. Mit Mayonnaise überziehen und reichlich mit schwarzem Kaviar garnieren.*

GEFÜLLTE EIER

4 hartgekochte Eier
1 EL Butter (Raumtemperatur)
2 EL Topfen
Etwas Currypulver
1 Msp. süßer Senf
Etwas Forellen- oder anderer Kaviar zum Garnieren
Salz

GEMÜSEMAYONNAISE

Ca. 2 EL hausgemachte Mayonnaise
2 EL Karottenwürfel
2 EL Selleriewürfel
2 EL Erbsen
1 kleiner Apfel
2 kleine Essiggurkerl
2 EL Joghurt
Salz & Pfeffer

MAYONNAISE

2 Eidotter
1 EL Flüssigkeit (fettfreie, zimmerwarme Gemüsebrühe oder Suppe, > S. 38)
½ TL Staubzucker
1 Spritzer Zitronensaft
Ca. 500 ml Öl
Salz & weißer Pfeffer

Eierschwammerlterrine mit Kräuterrahm

🍴 | ⏱ 1½ STD.

EIERSCHWAMMERLTERRINE

Ca. 700 g Eierschwammerl
oder Pilze

Ca. 150 g Hendlbrustfilet
(ohne Haut)

1 Zwiebel

1 EL Butter

Etwas gehackte Petersilie

2 EL Joghurt

3 EL flüssiges Schlagobers

Ca. 100 g dünn geschnittener
Frühstücksspeck

Salz & Pfeffer

Öl für die Form

KRÄUTERRAHM

250 g Sauerrahm

Etwas flüssiges Obers

Saft von ½ Zitrone

Kräuter nach Belieben
(Petersilie, Brunnenkresse,
Schnittlauch, Salbei etc.)

Evtl. 1 Prise Staubzucker

Salz & Pfeffer

EIERSCHWAMMERLTERRINE: Das Hendlbrustfilet faschieren und für ca. 20 Minuten in den Tiefkühler geben.

Inzwischen die Zwiebel feinwürfelig schneiden. Pilze putzen, bei Bedarf klein schneiden und mit den Zwiebelwürfeln in Butter kräftig anrösten. Petersilie dazugeben und so lange rösten, bis die Flüssigkeit verdampft ist. Zur Seite stellen und abkühlen lassen.

Nun das kalte Faschierte in einen Cutter geben. Mit Joghurt und flüssigem Obers zu einer glatten Farce (Füllmasse) cuttern. Die erkalteten Pilze untermengen, die Farce mit Salz und Pfeffer abschmecken.

Eine Terrinenform mit Öl bestreichen und mit Frischhaltefolie auslegen (die Folie hält so besser). Mit Frühstücksspeck auslegen, die Farce einfüllen und in ein heißes Wasserbad stellen. Im vorgeheizten Backrohr bei ca. 130 °C etwa 45 Minuten pochieren. Herausnehmen und auskühlen lassen.

KRÄUTERRAHM: Sauerrahm mit etwas Obers glattrühren. Mit Zitronensaft, gehackten Kräutern, evtl. einer Prise Staubzucker (nach Geschmack), Salz und Pfeffer abschmecken.

ANRICHTEN: Terrine aus der Form stürzen, portionieren und auf Tellern anrichten. Mit dem Kräuterrahm garnieren.

MEIN TIPP

Die Eierschwammerl- oder Pilzterrine kann statt mit Kräuterrahm auch mit Kräuterpesto oder einer feinen Vinaigrette, etwa mit Schinken verfeinert, garniert werden.

Flusskrebserlcocktail

🍴 | ⏱ 20–30 MIN.

FLUSSKREBSERLCOCKTAIL
4 EL eingelegte Flusskrebserl
2 Stangen weißer Spargel
(oder 4 grüne Spargelstangen)
4 hartgekochte Eier
2 EL Ananaswürfel
Saft von ½ Zitrone
Etwas Ananassaft
Salz

SAUCE
4 EL Mayonnaise (haus-
gemacht > S. 23)
1 EL Ketchup
1 Schuss Weinbrand
1 TL gerissener Kren

FERTIGSTELLEN
2 EL fein geschnittener
marinierter Blattsalat
Evtl. Kaviar zum Garnieren

SAUCE: Mayonnaise mit Ketchup, einem Schuss Weinbrand und frisch gerissenem Kren vermischen.

FLUSSKREBSERLCOCKTAIL: Weißen Spargel je nach Stärke 7–12 Minuten, grünen Spargel nur wenige Minuten weich kochen. Kalt abspülen und abtropfen lassen.

Den gekochten Spargel in dünne Scheiben und die Eier in Würferl schneiden. Eier, Spargel sowie Ananaswürfel mit Zitronensaft, etwas Ananassaft und Salz marinieren. Locker durchmischen.

ANRICHTEN: Etwas sehr fein geschnittenen, beliebig marinierten grünen Salat auf dem Boden dekorativer Cocktailschalen oder Glasschüsserl verteilen. Darauf den Spargelsalat anrichten. Die Flusskrebserl oben daraufsetzen und mit der Sauce überziehen.

Nach Belieben mit Kaviar garnieren.

MEIN TIPP

Wer bei Flusskrebsen gleich an Luxus denkt, liegt zwar einerseits richtig, vergisst aber, dass Krebse in der Altösterreichischen Küche eine große Rolle spielten. Sie wuchsen in vielen heimischen Flüssen heran, auch bei uns in der Gegend, und wurden somit gerne und in großen Mengen gegessen. Erst die schlimme Krebsenpest Ende des 19. Jahrhunderts setzte der Krebserlschlemmerei ein Ende. Mittlerweile bemühen sich österreichische Züchter, Krebse von guter Qualität wieder bei uns zu züchten. Und was soll ich Ihnen sagen? Wenn ich Krebserl auf die Karte setze, dann sind sie im Nu ausverkauft …

Familientradition

....

Meine Familie hat sich im Jahr 1897 in Krems am Hohen Markt angesiedelt und damit die Wirte-tradition begründet. Urgroßvater Josef Jell war zuvor in Salzburg im Österreichischen Hof (jetzt Hotel Sacher) Portier. Meine Urgroßmutter Maria Anna war im selben Haus Köchin. Mit mir ist also nun schon die vierte Generation am Werk – und so wie es aussieht, wird es glücklicherweise auch eine fünfte geben.

❀ ❀ ❀ ❀ ❀ ❀ ❀

Heringssalat
nach altem Hausrezept

🍴 ⎮ ⏱ 30 MIN. + KALT ZIEHEN LASSEN

HERINGSSALAT

400 g Heringslappen
oder -filets
4 gekochte Erdäpfel
1 gekochte Karotte
1 gekochte kleine Sellerieknolle
2 Äpfel

MARINADE

1 TL Kapern
2 EL Sauerrahm
2 EL Mayonnaise
Saft von ½ Zitrone
2 EL Staubzucker
1 Spritzer Essig
1 EL Öl
Salz & Pfeffer

ANRICHTEN

Forellen- oder anderer Kaviar
2 hartgekochte Eier
Weißbrot

MARINADE: Die Kapern mit einem Messer flachdrücken.

Sauerrahm mit Mayonnaise, Zitronensaft, Zucker, Kapern, Essig und Öl vermengen. Mit Salz und Pfeffer abschmecken.

HERINGSSALAT: Die Heringslappen etwas wässern, ausdrücken und in ca. 2 cm große Streifen schneiden. Gemüse und Äpfel ebenfalls schneiden und alles unter die Marinade mengen. Einige Stunden, am besten über Nacht, kalt stellen und durchziehen lassen.

ANRICHTEN: Am nächsten Tag den Heringssalat nochmals behutsam durchrühren und auf Tellern oder in Schüsseln anrichten.

Nach Belieben mit Kaviar sowie Eierscheiben oder -spalten garnieren. Mit geröstetem oder getoastetem Weißbrot servieren.

Matjesfilet auf Apferl-Lauch-Marinade

🍴 | ⏱ 15 MIN.

MATJES

4 Matjesfilets

APFERL-LAUCH-MARINADE

2 kleine Apferl
2 EL Sauerrahm
60–70 ml Schlagobers
Saft von ½ Zitrone
1 TL gehackte Dillspitzen
1 EL Staubzucker
½ Lauchstange
Salz & Pfeffer

ANRICHTEN

Dillzweige zum Garnieren

APFERL-LAUCH-MARINADE: In einer Schüssel den Sauerrahm mit Obers, Salz, Pfeffer, Zitronensaft, Dillspitzen und Staubzucker zu einer Marinade verrühren.

Die Apferl vierteln, entkernen und in kleine Würfel schneiden. Lauch ebenfalls kleinwürfelig schneiden und beides mit der Marinade vermengen.

ANRICHTEN: Apferl-Lauch-Marinade mithilfe eines Eisportionierers (oder Löffels) auf 4 Tellern anrichten.

Je ein Matjesfilet daraufsetzen und mit frischer Dille garnieren.

MEIN TIPP

Knusprige Wachauer Laberl oder resche Salzstangerl passen zur dezent-pikanten Note dieses Gerichts besonders gut. Viele meiner Gäste trinken dazu sehr gerne ein Glas Bier oder spritzigen, leichten Wein aus der Wachau.

Gebeizte Lachsforelle auf Senfgurken-Birnen-Ragout

🍴 | ⏱ ÜBER NACHT BEIZEN + 15 MIN.

GEBEIZTE LACHSFORELLE: Die Filets sorgfältig mit der Pinzette von Gräten befreien. Zwei Filets mit der Hautseite nach unten auf eine Frischhaltefolie legen.

Die Zitrone in sehr dünne Scheiben schneiden. Wacholderbeeren und Pfefferkörner im Mörser (oder mit einem Messer) zerdrücken und mit sämtlichen Gewürzen, Kräutern und Zitronenscheiben auf die Filets auftragen. Die restlichen beiden Filets mit der Fleischseite nach unten darauflegen.

Gut in Frischhaltefolie einschlagen und über Nacht kühl beizen lassen.

SENFGURKEN-BIRNEN-RAGOUT: Die Senfgurken gut abtropfen lassen.

Die Birnen schälen, entkernen und ebenso wie die Senfgurken blättrig schneiden.

Mayonnaise mit Joghurt vermischen und mit einer Prise Zucker, etwas Zitronensaft, Salz und Pfeffer würzen. Birnen und Senfgurken unter-mengen und abschmecken.

ANRICHTEN: Gebeizte Forellenfilets aus der Folie nehmen und mit einem scharfen dünnen Messer feine Streifen von der Haut schneiden. Mit dem vorbereiteten Senfgurken-Birnen-Ragout anrichten.

GEBEIZTE LACHSFORELLE

4 Lachsforellenfilets (mit Haut)
4 Wacholderbeeren
Ca. 6 rosa Pfefferkörner
2 Dillzweiglein
1 Zitrone
2 Estragonzweigerl
Meersalz

SENFGURKEN-BIRNEN-RAGOUT

4–6 eingelegte Senfgurken
2 weiche Birnen
1 TL Mayonnaise
1 TL Joghurt
1 Prise Zucker
Zitronensaft
Salz & Pfeffer

MEIN TIPP

Statt des Ragouts passt selbstverständlich auch feiner Obers-Apfel-Kren zu den gebeizten Filets. Frisches Gebäck oder knuspriger Toast gehört in jedem Fall dazu.

Forellennockerl auf Sauerampfersoßerl

🍴 | ⏱ 45 MIN.

FORELLENNOCKERL
600 g gut gekühlte Forellenfilets
500 ml kaltes Schlagobers
Salz & Pfeffer

SAUERAMPFERSOSSERL
2 EL geschnittener Sauer-
ampfer (> Tipp)
60–70 ml trockener Weißwein
60–70 ml Suppe (> S. 38)
oder Fischfond
2 EL weißer Wermut
1 EL Zwiebelwürferl
250 ml Schlagobers
1 EL kalte Butter
Saft von ½ Zitrone
Evtl. 1 Msp. Zucker
Salz & Pfeffer

FORELLENNOCKERL: Die Forellenfilets sorgfältig entgräten, in Stücke schneiden und im Mixer gemeinsam mit dem kalten Obers zu einer homogenen Masse cuttern. Mit Salz und Pfeffer würzen.

In einem Topf reichlich Salzwasser aufkochen lassen.

Aus der Masse mit einem Suppenlöffel Nockerl ausstechen und ins leicht siedende Wasser einlegen, das Wasser soll dabei aber nicht kochen (ca. 90 °C).

Nockerl ca. 4 Minuten ziehen lassen, umdrehen und weitere 5 Minuten ziehen lassen.

Dann herausheben und gut abtropfen lassen. Mit dem vorbereiteten Sauerampfersoßerl anrichten.

SAUERAMPFERSOSSERL: Weißwein in einen Topf gießen und mit Suppe oder Fischfond, Wermut und Zwiebelwürferln bei starker Hitze etwas einkochen lassen.

Dann Obers beigeben und so lange kochen, bis das Soßerl eine sämige Konsistenz bekommen hat.

Mit dem Mixstab fein pürieren, Sauerampfer beigeben und noch eine halbe Minute köcheln lassen.

Vom Herd nehmen, die kalte Butter einrühren und mit etwas Zitronen-saft, Salz, Pfeffer sowie und nach Belieben auch einer Messerspitze Staubzucker abschmecken.

MEIN TIPP

In der Stadt ist es mitunter schwierig, an Sauerampfer heranzukommen – da haben wir es hier am Land leichter. Man kann stattdessen aber auch jedes andere Kräuterl verwenden, etwa Dille, Schnittlauch, Estragon, Kresse – oder überhaupt auf das Grün in der Sauce verzichten, auch das schmeckt ganz wunderbar.
Die Nockerl lassen sich auch mit jedem anderen beliebigen Fisch zubereiten, also etwa mit Hecht, Saibling oder Lachs. Zum Verfeinern eignen sich übrigens auch Flusskrebserl (> Tipp S. 26).

Jahreszeiten

Im Rhythmus der Natur zu leben ist für mich als Mensch und natürlich auch als Köchin besonders wichtig. Der Jahreskreis ist so vielfältig: Im Frühjahr freue ich mich auf den ersten Bärlauch, die Brennnesseln, den Löwenzahn, das junge Gemüse und den Maibock. Dann geht es weiter mit Schwammerln, Marillen, Obst und Trauben. Und wenn die Sonne dann tiefer steht und der Altweibersommer ins Land zieht, ist's Zeit für Fasane und Enten. Im November folgen unsere Weidegansln – und nicht zu vergessen gleich darauf die feinen Weihnachtskekserl.

Weinbergschnecken mit Kräuterbutter

 25 MIN.

KRÄUTERBUTTER: Butter rechtzeitig aus dem Kühlschrank nehmen und Raumtemperatur annehmen lassen. Dann schaumig rühren.

Knoblauch schälen, fein hacken oder pressen und mit den klein gehackten Kräutern, Senf, Salz und Pfeffer beigeben. Olivenöl zugießen und nochmals pikant abschmecken.

WEINBERGSCHNECKEN: Die Schnecken (ohne Haus) in die Vertiefungen von vier Schneckenpfannen legen.

Mit jeweils etwas Kräuterbutter bedecken und im sehr gut vorgeheizten Backrohr bei 250 °C ca. 6 Minuten gratinieren, bis die Butter aufschäumt.

Kurz vor Ende der Backzeit etwas zerbröseltes Weißbrot darüberstreuen – das macht die Schnecken schön knusprig.

ANRICHTEN: Schneckenpfannen auf je eine feuerfeste Unterlage (Teller) setzen und auftragen.

Mit reichlich Weißbrot, mit dem die g'schmackige Kräuterbutter aufgetunkt wird, servieren.

WEINBERGSCHNECKEN
24 küchenfertige Weinbergschnecken ohne Häuschen (>Tipp)
Etwas Weißbrot zum Zerbröseln

KRÄUTERBUTTER
120 g Butter
Mind. 6 Knoblauchzehen (oder mehr)
4 EL frisch gehackte Kräuter (Salbei, Petersilie, Estragon, Thymian, Majoran, Oregano etc.)
½ TL Estragonsenf
4 EL Olivenöl
Salz & Pfeffer

ANRICHTEN
Weißbrot

 **MEIN TIPP**

Waren lange nur die Franzosen für ihre Schnecken berühmt, so gibt's mittlerweile auch bei uns ganz wunderbar g'schmackige Schnecken. Zu verdanken ist das Andreas Gugumuck, dessen Schneckenzucht am Stadtrand von Wien seit einiger Zeit echte Berühmtheit erlangt hat.
Bei der Kräuterbutter sollte übrigens auf jeden Fall Salbei verwendet werden – sein Aroma passt am besten zu Schnecken!

Ein dampfender Suppentopf ist aus der echten österreichischen Küche nicht wegzudenken. Meine Basis dafür ist natürlich hausgemachte klassische Rindsuppe – an ihrer Qualität erkennt man die geübte Köchin. Mit Grießnockerln, Milzschnitten oder Schinken-Erbsen-Schöberln lässt sich so ein Supperl vielseitig variieren. Und wer es deftiger mag, kommt bei Gansleinmachsuppe oder Krautsuppe nach ungarischer Art sicher voll auf seine Kosten.

Mein Geheimtipp

Rahmsuppe mit Blunz'nstrudel

Klare Rindsuppe

🥄 | ⏱ 2 ¾ STD. | 👤 FÜR CA. 2 L SUPPE

RINDSUPPE

300 g Suppenfleisch (Rind-fleisch)

500 g gehackte Rindsknochen

1 Zwiebel

Pfefferkörner

1 Lorbeerblatt

250 g Wurzelwerk (Karotten, Sellerie, Petersilienwurzel)

½ Lauchstange

Petersilgrün

Evtl. Liebstöckel

Evtl. Suppenwürze

Salz

ANRICHTEN

Einlage nach Wahl
Schnittlauch oder Petersilie zum Bestreuen

> *Foto: Rindsuppe mit Grieß-nockerl, Milzschnitten und Schinken-Erbsen-Schöberln*

RINDSUPPE: Die Zwiebel halbieren und an den Schnittflächen in einer mit Alufolie ausgelegten Pfanne sehr dunkel anrösten.

In einem großen Topf etwa 3 Liter kaltes Wasser aufstellen, Knochen zugeben und langsam aufkochen lassen. Pfefferkörner und Lorbeerblatt beigeben, leicht salzen und den aufsteigenden Schaum immer wieder abschöpfen. Nun das Fleisch sowie die gebräunten Zwiebelhälften einlegen und alles insgesamt ca. 2 ½ Stunden köcheln lassen.

In der letzten halben Stunde das grob geschnittene Wurzelwerk, Lauch, Petersilgrün sowie evtl. Liebstöckel zugeben und bei Bedarf mit Suppenwürze abschmecken.

Suppe abseihen und nochmals abschmecken.

ANRICHTEN: Mit einer Einlage nach Wahl (> S. 40 ff.) und fein geschnittenem Schnittlauch oder Petersilie bestreut in vorgewärmten Tellern oder Suppentassen auftragen.

MEIN TIPP

Aus dem gekochten Suppenfleisch lässt sich ein feines Sulzerl (> S. 12) oder würziger Rindfleischsalat mit Zwiebeln zubereiten. Steht mehr Fleisch zur Verfügung, können Sie auch klassisches Beinfleisch mit Semmelkren und Gemüsebeilage auf den Speiseplan setzen.
Klare Gemüsesuppe *bereite ich im Wesentlichen genauso zu. In etwa 1 Liter Wasser koche ich 300 g Karotten (gelb und rot), 1 Lorbeerblatt, 1 Stück Stangensellerie, ½ Lauchstange, je 1 Zweig Liebstöckel und Petersilie etwa 2 Stunden. Zum Schluss noch salzen.*

Grießnockerl & Butternockerl

GRIESSNOCKERL 🍴 | ⏱ 50–60 MIN.
BUTTERNOCKERL 🍴 | ⏱ 45 MIN.

GRIESSNOCKERL

2 EL Butter
1 Ei
100 g Grieß
Muskatnuss
Salz

> Foto S. 39

GRIESSNOCKERL: Die Butter rechtzeitig aus dem Kühlschrank nehmen und Raumtemperatur annehmen lassen. Dann schaumig rühren.

Das Ei sowie den Grieß zugeben und die Masse mit Muskatnuss und Salz würzen. Glattstreichen und kühl ca. 20 Minuten rasten lassen.

Inzwischen in einem Topf reichlich Salzwasser aufkochen lassen.

Mithilfe eines in kaltes Wasser getauchten Esslöffels aus der Masse Nockerl formen, in das kochende Salzwasser einlegen und ca. 10 Minuten wallend kochen lassen.

Topf vom Herd nehmen, zudecken und ohne Hitze weitere ca. 12 Minuten ziehen lassen. Grießnockerl herausheben und gut abtropfen lassen.

BUTTERNOCKERL

2 EL Butter
2 Eier
1 EL griffiges Mehl
40 g Weißbrotbrösel
Muskatnuss
Salz

BUTTERNOCKERL: Butter rechtzeitig aus dem Kühlschrank nehmen und Raumtemperatur annehmen lassen.

Eier in Eiklar und Dotter trennen. Die zimmerwarme Butter schaumig rühren und die Dotter langsam beigeben, dabei ständig weiterrühren. Mehl und Brösel unterrühren.

Eiklar zu Schnee schlagen und unter die Masse heben. Mit Muskatnuss sowie Salz würzen und 20 Minuten rasten lassen.

Währenddessen in einem Topf Salzwasser aufkochen lassen. Mithilfe eines Esslöffels und leicht mit Wasser benetzter Hände aus der Masse nette Nockerl formen.

In das siedende Salzwasser einlegen und ca. 10 Minuten schwach kochen lassen. Butternockerl herausheben und abtropfen lassen.

 MEIN TIPP

Die Butternockerl schmecken zwar ohnehin schon sehr gut, aber manchmal verfeinere ich sie noch zusätzlich, indem ich verschiedene Kräuter, geriebenen Käse oder fein gehackten Schinken unter die Masse menge.

Markknöderl & Milzschnitten

MARKKNÖDERL ⚔ | ⏱ 45 MIN.
MILZSCHNITTEN ⚔ | ⏱ 20 MIN.

MARKKNÖDERL: Zunächst Butter aus dem Kühlschrank nehmen und zur Seite stellen. Das Weißbrot in etwas Wasser einweichen und das Knochenmark passieren (durch ein Sieb streichen). Das Ei gut versprudeln.

In einem Kessel oder einer Rührschüssel die zimmerwarme Butter mit dem Mark schaumig rühren. Versprudeltes Ei langsam beigeben.

Das gut ausgedrückte Weißbrot nach Belieben passieren und ebenfalls untermengen. Nun Brösel, gehackte Petersilie sowie die Gewürze unter die Masse rühren und daraus mit nassen Händen kleine Knöderl formen.

In einem Topf reichlich Salzwasser aufkochen lassen. Markknöderl in das siedende Wasser einlegen und etwa 5 Minuten köcheln lassen. Von der Hitze nehmen und weitere 5 Minuten zugedeckt ziehen lassen. Knöderl herausheben und abtropfen lassen.

MILZSCHNITTEN: Die geschabte Milz in einer Schüssel mit dem Ei, gepresstem Knoblauch, Majoran, Salz und Pfeffer vermengen.

Toastbrot auflegen und mit der Masse bestreichen.

In einer Pfanne Fett gut erhitzen (muss wirklich heiß sein) und die Toastscheiben mit der bestrichenen Seite nach unten schwimmend herausbacken. Dann wenden, kurz anbacken und herausheben. Auf Küchenrolle gut abtropfen lassen. Milzschnitten in gewünschte Formen schneiden (gleichmäßige Vierecke, Rauten, Dreiecke oder auch mit dem Kekserlausstecher in aparte Formen).

Rasch auftragen, da sich die Milzschnitten mit Suppe vollsaugen.

MEIN TIPP

*Milz ist heute mitunter sehr schwer zu bekommen, denn nicht jeder Fleischhauer ist bereit, diese auch zu schaben. Sollten Sie die Milz selbst schaben müssen, so tun Sie dies auf einem Schneidbrett mit dem Rücken eines großen Messers. Sie können aber auch gänzlich auf die Milz verzichten und stattdessen geschabte Leber verwenden – solche **Leberschnitten** schmecken ganz hervorragend. Milzschnitten sind übrigens auch ein köstlicher Imbiss für zwischendurch – ganz ohne Suppe, dafür mit einer kleinen Portion Salat.*

MARKKNÖDERL

60 g rohes Knochenmark (beim Fleischhauer vorbestellen)
10 g Butter
80 g entrindetes Weißbrot
1 Ei
2 EL Semmelbrösel
Etwas gehackte Petersilie
Muskatnuss
Salz & Pfeffer

MILZSCHNITTEN

180 g geschabte Milz (vom Fleischhauer vorbereitet, › Tipp)
1 Ei
½ Knoblauchzehe
Majoran
Salz & Pfeffer

4 Toastbrotscheiben
Fett zum Backen

› Foto S. 39

Leberreis &
Schinken-Erbsen-Schöberl

LEBERREIS 🍴 | ⏱ 40 MIN. | 👤 6–8
SCHINKEN-ERBSEN-SCHÖBERL 🍴 | ⏱ 40 MIN.

LEBERREIS

500 g faschierte Rindsleber &
Milz gemischt (vom Fleischhauer vorbereitet)

2 altbackene Semmeln oder
Weißbrot

½ Zwiebel

1 TL Butter oder Fett

1 Ei

2 EL Semmelbrösel

1 kräftige Prise Majoran

Salz & Pfeffer

LEBERREIS: Semmeln oder Weißbrot in Wasser einweichen. Die halbe Zwiebel klein schneiden, in etwas Butter oder Fett anrösten und wieder vom Feuer nehmen.

Die eingeweichten Semmeln ausdrücken und mit den gerösteten Zwiebeln durch ein Sieb oder eine Flotte Lotte in die Lebermasse passieren. Ei sowie Brösel einrühren und mit Majoran, Salz und Pfeffer würzig abschmecken. Die Masse etwas rasten lassen.

Inzwischen Salzwasser (oder Suppe) in einem Topf aufkochen. Lebermasse durch ein verkehrt aufgelegtes Reibeisen direkt in die Flüssigkeit einkochen. Einmal aufkochen lassen.

Leberreis abseihen und abtropfen lassen oder in der Suppe auftragen.

SCHINKEN-ERBSEN-SCHÖBERL

25 g Schinken

35 g Erbsen

2 EL Butter mit Raum-
temperatur

3 Eier

1 TL Milch

2 EL Mehl

Salz

Mehl & Fett für das
Backblech

> *Foto S. 39*

SCHINKEN-ERBSEN-SCHÖBERL: Die Butter aus dem Kühlschrank nehmen und stehen lassen. Schinken in feine Würferl schneiden. Erbsen kurz in Salzwasser kochen, abgießen und abtropfen lassen.

Eier in Eiklar und Dotter trennen. Dann die Butter schaumig rühren und die Dotter langsam einrühren. Milch und Mehl beigeben.

Eiklar mit einer Prise Salz zu Schnee schlagen und unter die Dottermasse rühren. Schinkenwürfel sowie gekochte Erbsen unterziehen.

Ein Backblech mit Backpapier auslegen oder mit Fett bestreichen und mit Mehl bestreuen. Die Masse fingerdick aufstreichen und im gut vorgeheizten Backrohr bei 225 °C (Umluft) ca. 10 Minuten backen. Dann das Blech herausnehmen und die Schöberl in beliebige Formen schneiden.

Rasch auftragen, da sich die Schöberl mit Suppe vollsaugen.

 MEIN TIPP

Anstelle von Schinken und Erbsen kann man auch Käse, Kräuter oder geröstetes Hirn mit Petersilie beigeben. Sehr fein schmecken die Schöberl außerdem „natur", also ganz ohne weitere Zutaten.

Erbsensuppe
mit gebackenem Kalbsbries

ERBSENSUPPE ❕ | ⏱ 20 MIN.
GEBACKENES KALBSBRIES ❕❕ | ⏱ 50–60 MIN.

GEBACKENES KALBSBRIES: Bries in kaltem Wasser gut wässern (einige Stunden in einer mit kaltem Wasser gefüllten Schüssel liegen lassen). In einem Topf etwa 1 Liter Wasser mit der grob geschnittenen Zwiebel und den Gewürzen zum Kochen bringen.

Bries einlegen und ca. 12 Minuten darin köcheln lassen. Herausheben, abkühlen lassen und dann die Haut abziehen.

Bries in kleinere Röschen teilen, salzen, pfeffern und wie Schnitzerl in Mehl, Ei (mit etwas Milch versprudelt) und Semmelbröseln panieren.

Briesschnitzerl in heißem Öl goldgelb herausbacken, herausheben und auf Küchenrolle abtropfen lassen.

ERBSENSUPPE: Die Zwiebel fein schneiden und in Butter hell anschwitzen. Zucker sowie Erbsen beigeben und ebenfalls einige Minuten anschwitzen lassen. Dann mit Gemüsesuppe und Obers aufgießen und einige Minuten köcheln.

Die Erbsen pürieren und nach Belieben durch ein Sieb passieren. Mit Salz, Pfeffer und etwas geriebener Muskatnuss würzen.

ANRICHTEN: Die fertige Erbsensuppe in heißen Tellern anrichten, das gebackene Kalbsbries dazu separat servieren, damit die knusprige Panier nicht aufweicht.

ERBSENSUPPE

500 g tiefgekühlte Erbsen
1 Zwiebel
1 EL Butter
1 TL Zucker
500 ml Gemüsesuppe (> S. 38)
300 ml Schlagobers
1 Prise Muskatnuss
Salz & Pfeffer

GEBACKENES KALBSBRIES

Ca. 400 g Kalbsbries
1 kleine Zwiebel
1 Lorbeerblatt
1 Rosmarinzweig
Petersilienstiele
Pfefferkörner
4 EL Mehl
1 Ei
Etwas Milch
6 EL Semmelbrösel
Salz & Pfeffer
Öl oder Butterschmalz zum Backen

MEIN TIPP

Gebackenes Kalbsbries war und ist in der österreichischen Küche sehr beliebt und wird als Hauptspeise gerne mit Petersilienerdäpfeln und Sauce tartare serviert. Leider ist es vielerorts nur mehr nach Vorbestellung erhältlich. Aber die Mühe, dieses tolle Gericht selbst zuzubereiten, macht sich bezahlt!
Diese luxuriöse Einlage ist aber kein Muss, das mollige Erbsensüppchen schmeckt auch mit knusprig gebratenen Weißbrotcroûtons ganz hervorragend.

Rahmsuppe
mit Blunz'nstrudel

RAHMSUPPE ⏱ 10 MIN.
BLUNZ'NSTRUDEL ⏱ 50 MIN.

BLUNZ'NSTRUDEL: Zwiebel klein hacken und in etwas Schmalz anschwitzen. Blutwurst klein schneiden und mitrösten, mit Petersilie sowie den Gewürzen pikant abschmecken. Die Masse etwas überkühlen lassen und erst dann die Brösel untermischen.

Nun die Strudelblätter auf die Arbeitsfläche legen.

Butter schmelzen, die Blätter mit einem Teil davon beträufeln und die Blutwurstmasse auftragen. Strudelblätter einrollen, dabei die Enden gut verschließen und den Teig nochmals mit restlicher flüssiger Butter bestreichen.

Blunz'nstrudel auf ein mit Backpapier belegtes Backblech legen und im gut vorgeheizten Backrohr bei 220 °C ca. 20 Minuten backen.

Herausheben, kurz überkühlen lassen und noch warm in Scheiben oder kleinere Portionsstücke schneiden.

RAHMSUPPE: Wasser mit Kümmel und Salz zum Kochen bringen.

Mehl mit Sauerrahm glattrühren und mit einem Schneebesen in das Wasser „einsprudeln". Unter ständigem Rühren nochmals kurz aufkochen lassen und kräftig abschmecken.

ANRICHTEN: Die heiße Rahmsuppe in vorgewärmte Teller gießen, die Blunz'nstrudelstücke darin anrichten und auftragen.

RAHMSUPPE

350–400 g Sauerrahm
(1½ Becher)
1 l Wasser
2 EL Kümmel
1 EL Salz
2 EL Mehl

BLUNZ'NSTRUDEL

Ca. 700 g Blutwurst
(ohne Haut)
2 Strudelteigblätter
1 kleine Zwiebel
1 EL Schmalz
1 EL gehackte Petersilie
1 EL Majoran
1 TL Thymian
1 EL Semmelbrösel
2 EL Butter
Salz & Pfeffer

MEIN TIPP

Bereiten Sie vom Blunz'nstrudel gleich etwas mehr zu, denn er ist auch ein wunderbares Hauptgericht. Meinen Gästen serviere ich dazu Rahm- oder Veltlinerkraut (> S. 76), manchmal auch nur knackigen Salat – ein Gedicht! Bei uns zu Hause gab es früher Rahmsuppe meist mit dünn geschnittenen und in Butter herrlich knusprig getoasteten Schwarzbrotscheiben.

Gansleinmachsuppe mit Bröselknöderln

GANSLEINMACHSUPPE 🍴 | ⏱ 1½ STD.
BRÖSELKNÖDERL 🍴 | ⏱ 1 STD.

GANSLEINMACHSUPPE
Ca. 200 g Gänseklein
(Magen, Hals, Flügerl,
Herz, > Tipp)
Ca. 150 g Wurzelwerk
5 Pfefferkörner
2 Lorbeerblätter
1 EL Butter oder Gansl-
schmalz
1–2 EL Mehl

BRÖSELKNÖDERL
2 EL Ganslschmalz
oder Butter
1 Ei
1 Eidotter
250 g Weißbrotbrösel
125 ml Milch
1 Prise Muskatnuss
Salz & Pfeffer

ANRICHTEN
Gehackte Petersilie
Salz bei Bedarf

GANSLEINMACHSUPPE: In einem Topf das Gänseklein mit Wasser, Wurzelwerk sowie Gewürzen aufstellen und etwa 1 Stunde lang köcheln lassen. Dann die Suppe abseihen und zur Seite stellen.

Das Fleisch von den Knochen lösen, dabei sorgfältig auch alle kleinen Knöchelchen entfernen. Fleisch, Innereien sowie das mitgekochte Gemüse klein schneiden.

In einem Topf Butter oder Ganslschmalz erhitzen, mit Mehl stauben und kurz anschwitzen. Je nach gewünschter Menge mit ca. 1 Liter Ganslsuppe aufgießen und gut verköcheln lassen. Klein geschnittenes Fleisch und Gemüse zugeben.

BRÖSELKNÖDERL: Das zimmerwarme Schmalz oder die Butter schaumig rühren. Das Ei mit dem Dotter versprudeln und langsam in die Fettmasse einrühren.

Die Brösel mit Milch vermengen und ebenfalls unter die Masse rühren. Mit Muskatnuss, Salz und Pfeffer würzen und die Masse im Kühlschrank ca. ½ Stunde rasten lassen.

Dann in einem Topf Salzwasser aufkochen lassen. Aus der Masse mit leicht befeuchteten Händen kleine Knöderl formen. Diese ins kochende Wasser einlegen und ca. 5 Minuten köcheln lassen. Von der Hitze nehmen und zugedeckt weitere 5 Minuten ziehen lassen.

Fertige Knöderl herausheben und abtropfen lassen.

ANRICHTEN: Suppe evtl. nachsalzen. Gehackte Petersilie beigeben und in heißen Tassen oder Tellern anrichten. Bröselknöderl einlegen und auftragen.

MEIN TIPP

Gansln haben nicht immer Saison, doch dieses wunderbare Rezept eignet sich auch für köstliche Hendl-, Wild- oder Enteneinmachsuppe.

Rotkrautsuppe mit Topfennockerln

ROTKRAUTSUPPE ⬥ | ⏱ 40 MIN.
TOPFENNOCKERL ⬥⬥ | ⏱ 1¼ STD.

TOPFENNOCKERL: Die Butter Raumtemperatur annehmen lassen, dann mit den Dottern cremig rühren. Grieß, Topfen sowie eine kräftige Prise Salz einrühren und die Masse ca. 1 Stunde kalt stellen.

Dann in einem großen Topf Salzwasser aufkochen lassen.

Aus der Masse mithilfe von zwei Löffeln kleine Nockerl stechen, diese in das siedende Wasser einlegen und ca. 6 Minuten gar ziehen lassen. Dann die Topfennockerl herausheben und abtropfen lassen.

ROTKRAUTSUPPE: Das Rotkraut vom Strunk befreien und grob schneiden, ebenso die Zwiebel und den Speck.

In einem Topf etwas Butter schmelzen und die Zwiebel- sowie Speckwürfel kurz anschwitzen. Zucker sowie das Rotkraut zugeben und etwa 2 Minuten andünsten. Wein, Suppe, einen Schuss Essig sowie sämtliche Gewürze beigeben und das Kraut ca. 15 Minuten in der Suppe weich kochen.

Dann Wacholder, Lorbeerblatt und Zimtstange aus der Suppe entfernen und diese mit dem Pürierstab mixen.

Mit Obers verfeinern und mit Salz und Pfeffer abschmecken.

ANRICHTEN: Die fertige Rotkrautsuppe in heiße Teller oder Tassen gießen. Topfennockerl einlegen und die Suppe auftragen.

ROTKRAUTSUPPE
½ Kopf Rotkraut
½ Zwiebel
20 g Räucherspeck
Etwas Butter zum Anschwitzen
½ EL Kristallzucker
125 ml Rotwein
500 ml Gemüsesuppe (> S. 38)
1 Schuss Essig
1 kleine Zimtstange
1 Lorbeerblatt
2 angedrückte Wacholderbeeren
125 ml Schlagobers
Salz & Pfeffer

TOPFENNOCKERL
1 EL weiche Butter
2 Eidotter
80 g feiner Grieß
200 g Topfen
Salz

MEIN TIPP

Für eine vegetarische Rotkrautsuppe lasse ich einfach den Speck weg und würze dafür etwas kräftiger.

Krautsuppe nach altungarischer Art

 40 MIN.

250 g Sauerkraut
1 Zwiebel
2 EL Speckwürferl
1 EL Schmalz
1 EL Paprikapulver
Ca. 1 l Rindsuppe (> S. 38)
½ TL gestoßener Kümmel
1 EL Paradeismark
Ca. 125 g Sauerrahm
(½ Becher)
1–2 Paar Debrezinerwürstel

Das Sauerkraut klein, die Zwiebel feinwürfelig schneiden.

In einem Topf die Speck- und Zwiebelwürferl in etwas Schmalz anschwitzen. Das geschnittene Sauerkraut beigeben, das Paprikapulver rasch einrühren und mit etwa 250 ml Suppe aufgießen.

Kümmel und Paradeismark einrühren und das Kraut zugedeckt ca. 25 Minuten dünsten lassen. Dann mit der restlichen Suppe aufgießen, Sauerrahm einrühren und noch weitere 5 Minuten köcheln lassen.

Würstel in Scheiben schneiden, zugeben und alles kurz aufkochen lassen.

Die Suppe nochmals abschmecken und in tiefen Tellern anrichten.

Wenn mir die Suppe einmal zu dünn gerät, so reibe ich einfach einen rohen Erdapfel hinein und binde sie damit.

Sie sind das kulinarische Rückgrat unserer Küche und tragen ganz wesentlich zu dem bei, was ich unter typisch österreichischer Küche verstehe: die vielen bodenständigen Gerichte für den Alltag, auch Hausmannskost genannt. Teure Luxuskreationen zählen hier nicht dazu, dafür so unglaublich G'schmackiges wie flaumige Eiernockerl, deftiges Blunz'ngröstl, Grammel- und Selchfleischknöderl oder gefüllte Paprika. Aber das ist ja auch schon wieder kulinarischer Luxus – oder?

Mein Geheimtipp

**Marinierte Rote Rüben
im Mohnmantel auf Krensoßerl**

Bärlauchomelett mit Schafkäse

 25 MIN.

....

8 Eier
1 EL Schlagobers
400 g Schafkäse (> Tipp)
3 EL frisch gehackter
Bärlauch
Salz & Pfeffer
Butter zum Backen

Salat als Garnitur

Die Eier in eine Schüssel schlagen, Obers zugießen und mit Salz sowie Pfeffer versprudeln.

Den Schafkäse in Würfel schneiden und gemeinsam mit dem fein gehackten Bärlauch unter die Masse mengen.

In einer Pfanne (oder besser in zwei Pfannen, damit das Omelett durch eine zu lange Backzeit nicht zu dunkel gerät) etwas Butter erhitzen, die Masse eingießen und kurz anbacken.

Im vorgeheizten Backrohr bei 180 °C ca. 15 Minuten fertig backen. Dabei nach Belieben einmal wenden.

Statt Schafkäse und Bärlauch verwende ich manchmal geröstete Schwammerl, blanchierten Blattspinat, Paradeiserwürfel mit Basilikum oder Schinken für das Omelett. Aber auch Kräuter und andere Käsesorten machen sich in diesem einfachen, schnell zubereiteten Rezept ganz vorzüglich. Lassen Sie einfach Ihrer Fantasie freien Lauf!
Als erfrischende Beilage passt dazu am besten knackiger Blatt- oder Paradeissalat.

Eiernockerl
mit Rote-Rüben-Salat

EIERNOCKERL ❙ ⏱ 20 MIN.
ROTE-RÜBEN-SALAT ❙ ⏱ 1½ STD.

EIERNOCKERL: Die Butter zerlassen und mit dem Mehl in eine Schüssel geben. Eier, Milch sowie eine Prise Salz zugeben und zu einem glatten Teig verarbeiten.

Einen Topf mit leicht gesalzenem Wasser aufstellen und dieses zum Kochen bringen.

Die Nockerlmasse auf ein Schneidbrett geben und mit dem Messerrücken oder einem Löffel kleine Nockerl direkt ins kochende Salzwasser schaben. Einmal kurz aufkochen lassen und abseihen.

FERTIGSTELLEN: In einer großen Pfanne etwas Butter schmelzen lassen. Die abgetropften Nockerl zugeben und kräftig durchschwenken. Mit Salz würzen.

Die Eier versprudeln, salzen und über die Nockerl gießen. Vorsichtig durchrühren und die Eier kurz anstocken, aber nicht zu fest werden lassen. Auf Tellern anrichten.

ROTE-RÜBEN-SALAT: Die Roten Rüben kalt waschen und gut bürsten.

In Wasser ca. 50 Minuten weich kochen, abseihen, kalt abschrecken und schälen. (Dabei am besten Einweghandschuhe benützen, denn die Rüben färben stark ab!)

Die Rüben in dünne Scheiben schneiden oder hobeln.

Die Weinessig-Wasser-Mischung mit Kümmel, Zucker und Salz aufkochen, den Kren dazugeben und alles über die Rüben gießen. Gut durchmischen und kurz ziehen lassen.

NOCKERL
100 g Butter
50 g Mehl
4 Eier
Ca. 300 ml Milch
Salz

FERTIGSTELLEN
Butter zum Schwenken
6–8 Eier
Salz

ROTE-RÜBEN-SALAT
800 g Rote Rüben
250 ml Weinessig-Wasser-Mischung (nach Geschmack)
½ TL Kümmel
1 TL Kristallzucker
1 EL geriebener Kren
Salz

MEIN TIPP

Je nach Saison passen natürlich auch Gurken-, Paradeiser- und Blattsalat (> Foto) zu den Eiernockerln. Am besten, Sie kombinieren alles, was gesund ist …

Geröstete Knödel
mit Ei und Bummerlsalat

 20 MIN.

GERÖSTETE KNÖDEL

8–10 gekochte, kalte
Semmelknödel (> S. 105)
2 EL Schmalz oder Öl
8 Eier
Salz
2 EL Schnittlauchröllchen

BUMMERLSALAT

1 Bummerlsalat (Eisberg-
salat)
1–2 EL guter Apfel- oder
Weinessig
3–4 EL Pflanzenöl
Zucker oder Honig
Salz & Pfeffer

GERÖSTETE KNÖDEL: Die gekochten Knödel halbieren und die Hälften jeweils in dünne Scheiben schneiden.

In einer Pfanne Schmalz oder Öl erhitzen, Knödel beigeben und unter wiederholtem Wenden knusprig anbraten.

Inzwischen die Eier mit etwas Salz absprudeln. Sobald die Knödel knusprig gebraten sind, Eier darübergießen, Hitze reduzieren und die Eier stocken lassen.

Auf vorgewärmten Tellern anrichten und mit frisch geschnittenem Schnittlauch bestreuen.

BUMMERLSALAT: Bummerlsalat vom Strunk befreien, den Salat in kleinere Stücke zerteilen und waschen.

Aus Essig, Öl, einer Prise Zucker oder etwas Honig eine Marinade anrühren. Mit Salz und Pfeffer abschmecken.

Bummerlsalat damit marinieren und anrichten.

 MEIN TIPP

*Wenn Sie gutes Kürbiskernöl zu Hause haben, dann bereiten Sie die Marinade damit zu – der feine nussige Ton passt ganz hervorragend zu Bummerlsalat. Lieben Sie Geröstete Knödel mit Ei auch so wie ich? Dann bereiten Sie doch gleich am Wochenende ein **Kalbsbeuscherl** und eine größere Menge an Semmelknödeln zu und haben während der Woche so eine Mahlzeit „in Reserve".*

Parasolpilze im Röstimantel

🍴 | ⏱ 40 MIN.

VORBEREITEN: Die Parasolpilze von den Stielen befreien, putzen und mit einem Tuch abreiben. Die Pilzkappen mit Zitronensaft, Salz und Pfeffer würzen.

RÖSTIMANTEL: Die Erdäpfel mit der Aufschnittmaschine oder einem Hobel in ganz dünne Scheiben schneiden und diese in gleichmäßige dünne Streifen (Julienne) schneiden.

Ebenfalls mit Salz sowie Pfeffer würzen und gut ausdrücken.

Die Erdäpfelmasse auf einem Küchentuch portionsweise zu dünnen Fladen ausbreiten, die Parasolkappen darauflegen und mit den Erdäpfelstreifen bedecken. Mithilfe des Tuches gut andrücken.

FERTIGSTELLEN: In einer tiefen Pfanne Öl oder Butterschmalz erhitzen und die Parasolkappen goldgelb backen.

Herausheben, gut abtropfen lassen und das Fett mit Küchenrolle abtupfen.

Auf vorgewärmten Tellern anrichten und mit Sauce tartare auftragen.

PARASOLPILZE IM RÖSTIMANTEL
10 große Parasolpilze
4 große Erdäpfel
Zitronensaft
Salz & Pfeffer

FERTIGSTELLEN
Öl oder Butterschmalz zum Backen
Sauce tartare als Garnitur

MEIN TIPP

Wenn es einmal schneller gehen soll, dann servieren Sie einfach gebackene Parasolpilze: Panieren Sie diese in Mehl, Ei und Bröseln. Auch so schmecken diese edlen Pilze ganz vorzüglich.
Da Parasole doch eher zu den Raritäten unter den Pilzen zählen und vor allem für Städter nicht leicht zu bekommen sind, behilft man sich alternativ am besten mit Steinpilzen, Kräuterseitlingen oder Wiesenchampignons.

Marinierte Rote Rüben im Mohnmantel auf Krensoßerl

🍴 | ⏱ ÜBER NACHT MARINIEREN + 40 MIN.

MARINIERTE ROTE RÜBEN

16 kleine Rote Rüben
125 ml warmes Wasser
Saft von 1 Zitrone
2 EL brauner Zucker
Etwas Rotweinessig
Salz & Pfeffer

BACKTEIG

4 Eier
200 g Mehl
125 ml Weißwein
125 ml Sodawasser
2 EL gemahlener Mohn
1 Prise Salz
Öl zum Backen

KRENSOSSERL

2 EL frisch geriebener Kren
2 EL Butter
2 EL Mehl
250 ml Apfelsaft
125 ml Gemüsesuppe
(> S. 38)
1 Apfel
1 Prise Zucker
Saft von ½ Zitrone
1 Schuss Weinessig
3 EL flüssiges Schlagobers
Salz

VORBEREITEN: Die Roten Rüben am Vorabend in Salzwasser ca. 50 Minuten weich kochen.

Weich gekochte Rüben schälen und halbieren, dabei unbedingt Einweghandschuhe verwenden, denn die Rüben färben stark ab!

Braunen Zucker in warmem Wasser auflösen und mit Zitronensaft, Rotweinessig, Salz und Pfeffer zu einer Marinade verrühren.

Die halbierten Roten Rüben einlegen und über Nacht marinieren.

BACKTEIG: Am nächsten Tag die Eier trennen und das Eiklar zu Schnee schlagen.

Mehl, Wein, Sodawasser sowie die Dotter verrühren und mit gemahlenem Mohn sowie Salz vermengen. Zuletzt den Eischnee unterheben.

KRENSOSSERL: Die Butter zergehen lassen, das Mehl mit dem Schneebesen einrühren und kurz anschwitzen. Mit Apfelsaft und Gemüsesuppe aufgießen und alles gut einkochen lassen.

Den Apfel schälen, mit einem Krenreißer (oder Reibeisen) reißen bzw. reiben und mit dem geriebenen Kren unter die Sauce rühren.

Mit Zucker, Zitronensaft und Weinessig würzen. Obers zugießen und mit Salz abschmecken. Nochmals ganz kurz aufkochen lassen und warm stellen.

FERTIGSTELLEN: Öl in einer tiefen Pfanne erhitzen.

Die Roten Rüben aus der Marinade nehmen, mit Küchenrolle abtupfen, auf einen Holzspieß stecken und nacheinander in den Backteig tauchen.

In heißem Öl schwimmend goldgelb herausbacken. Dann herausheben, abtropfen lassen und halbieren.

Krensoßerl auf Teller verteilen, die Rüben daraufsetzen und nach Belieben weiter garnieren, z. B. mit Sauce Cumberland (> S. 16).

Topfennockerl mit Dille und Bergkäsesauce

 30 MIN.

TOPFENNOCKERL: Die Butter aus dem Kühlschrank nehmen und Zimmertemperatur annehmen lassen. Dillblättchen von den Stängeln zupfen und fein wiegen bzw. sehr fein schneiden.

Die weiche Butter mit den Eiern schaumig rühren. Topfen und Brösel untermischen, Dille zugeben und die Masse mit Salz und Pfeffer würzen.

In einem Topf Salzwasser aufstellen und aufkochen lassen. Mit einem Löffel aus der Masse Nockerl abstechen, ins kochende Wasser einlegen und ca. 6 Minuten sieden lassen.

BERGKÄSESAUCE: Den Käse in kleine Würfel schneiden oder reiben.

Butter in einem Topf schmelzen lassen. Mehl mit dem Schneebesen einrühren, mit Milch aufgießen und etwas einkochen lassen.

Dann Bergkäse sowie Obers unterrühren und salzen.

ANRICHTEN: Die fertig gekochten Nockerl aus dem Wasser heben, abtropfen lassen und auf Tellern anrichten.

Die Bergkäsesauce über die Nockerl ziehen und auftragen.

TOPFENNOCKERL

400 g passierter Topfen
3 EL Butter
1 Bund Dille
3 Eier
180 g Semmelbrösel
Salz & Pfeffer

BERGKÄSESAUCE

80 g Bergkäse
1 EL Butter
1 EL Mehl
330 ml Milch
125 ml Schlagobers
Salz

MEIN TIPP

Den kräftigen Käsegeschmack federe ich gerne durch die feine Säure von warmen Ofenparadeisern ab, die zu diesen Nockerln besonders gut passen. Wer Dille nicht mag, kann stattdessen auch jedes andere Kraut verwenden oder überhaupt Schinken-Topfen-Nockerl zubereiten.

Topfenhaluska

††† (♟ MIT FERTIGEN NUDELN) | ⏱ 50 MIN.

NUDELTEIG

500 g griffiges Mehl
4 Eier
1 Dotter

Ersatzweise fertige breite
Nudeln oder Teigfleckerl
(ca. 400 g Trockengewicht)

FERTIGSTELLEN

150 g sehr fetter Selchspeck
1 EL Schmalz zum Anrösten
125 g Sauerrahm
250 g bröseliger Topfen
(> Tipp)
Salz & Pfeffer

NUDELN: Mehl mit Eiern und Dotter rasch zu einem glatten Nudelteig verarbeiten.

Mit einem Nudelwalker dünn ausrollen, in breitere Bahnen und dann in unregelmäßige Flecken schneiden (oder mit der Nudelmaschine dünn ausrollen und in Bandnudeln schneiden).

In einem großen Topf reichlich Salzwasser aufkochen und die Nudeln darin kurz al dente kochen. (Fertige Nudeln nach Anleitung bissfest kochen.) Nudeln abseihen und abtropfen lassen.

FERTIGSTELLEN: Den Speck würfelig schneiden, in einer Pfanne in heißem Schmalz anrösten und mit einem Schaumlöffel wieder aus der Pfanne heben.

Die abgetropften Nudeln im verbliebenen Fett schwenken. Sauerrahm und Topfen unterrühren, kräftig würzen und zum Schluss die heißen Speckwürferl darüberstreuen.

 MEIN TIPP

Ich serviere meinen Gästen dazu gerne frischen Blattsalat, der je nach Saison auch mit essbaren Blüten optisch „aufgepeppt" werden kann.
Statt Topfen schmeckt auch Brimsen (> Tipp S. 15) oder Schafkäse in der Topfenhaluska sehr fein.
Vegetarier werden einfach auf den gebratenen Speck verzichten und stattdessen vielleicht mit frischen Kräutern, gerösteten Schwammerln oder blanchiertem Blattspinat einen Geschmacksakzent setzen.

Gierschauflauf
mit Schnittlauchsauce

🍴 | ⏱ 1¼ STD.

GIERSCHAUFLAUF: Den Giersch waschen und blanchieren (kurz in Salzwasser überbrühen). Herausheben, abtropfen lassen und in Streifen schneiden.

Die Zwiebel sowie den Speck in feine Würferl schneiden und in wenig Butter anrösten. Dann wieder vom Herd nehmen.

Eier trennen und Eiklar zu steifem Schnee schlagen. Eidotter mit Buttermilch schaumig rühren, Giersch sowie die Zwiebel-Speck-Mischung beigeben. Mit Muskatnuss, Salz und Pfeffer würzen.

Beide Mehlsorten mit Backpulver vermengen und unterrühren. Zuletzt den Eischnee unterheben.

Eine passende Form (besonders hübsch sieht der Auflauf aus, wenn er in einer Gugelhupfform gebacken wird) mit Butter ausstreichen, mit Bröseln ausstreuen und die Masse einfüllen. Mit Käse bestreuen und im vorgeheizten Backrohr bei 180 °C ca. 45 Minuten backen.

SCHNITTLAUCHSAUCE: Butter erhitzen und das Mehl mit einem Schneebesen einrühren. Mit Milch oder Suppe aufgießen, gut verkochen lassen und währenddessen ständig umrühren, damit sich die Sauce nicht anlegt.

Obers zugießen, Schnittlauch einrühren und die Sauce mit Salz, Pfeffer sowie Muskatnuss würzen.

ANRICHTEN: Den fertigen Auflauf herausheben, kurz rasten lassen und dann stürzen. In Stücke portionieren und mit der Schnittlauchsauce auftragen.

GIERSCHAUFLAUF

400 g Gierschblätter (ersatzweise Mangold, Blattspinat)
1 Zwiebel
100 g Frühstücksspeck
1 TL Butter
2 Eier
125 ml Buttermilch
Muskatnuss
Salz & Pfeffer
100 g Weizenvollkornmehl
100 g griffiges Mehl
2 TL Backpulver

Butter & 1 EL Semmelbrösel für die Form
100 g Bergkäse zum Bestreuen

SCHNITTLAUCHSAUCE

2 EL geschnittener Schnittlauch
1 EL Butter
1 EL Mehl
500 ml Suppe (> S. 38) oder Milch
60–70 ml Schlagobers
Muskatnuss
Salz & Pfeffer

MEIN TIPP

Wenn einmal weder Giersch noch Blattspinat zur Hand ist, verwenden Sie einfach gekochten pürierten Karfiol oder Kohl für dieses aparte Auflaufrezept. Je nach Gusto oder Jahreszeit verfeinere ich die Sauce statt mit Schnittlauch auch gerne mit Sauerampfer oder Bärlauch. Und wenn es einmal deftiger schmecken sollte, dann finden sich in der Sauce sogar Käse- und/oder kleine Schinkenwürferl.

Krems an der Donau

Krems liegt nicht in der Wachau, sondern je nach Sichtweise am Beginn oder Ende der zum UNESCO-Weltkulturerbe erhobenen Landschaft zwischen Melk und eben Krems. Hier, im ältesten Teil der Stadt, liegt der Hohe Markt – und auf diesem Platz steht unser Wirtshaus. Die bezaubernde Landschaft mit den vielen Touristen und der große Reichtum an Kunst und Kulturschätzen haben die Kremser zu offenen, freundlichen Menschen werden lassen. Und natürlich auch der Wein. Man sagt ja, dass er die Menschen besonders gesellig macht ...

Blunz'ngröstl
mit Rahm-Gurken-Salat

BLUNZ'NGRÖSTL ❗ ⏱ 15 MIN.
RAHM-GURKEN-SALAT ❗ ⏱ 40 MIN.

RAHM-GURKEN-SALAT: Die Gurken schälen, der Länge nach halbieren und die Kerne entfernen. In feine Scheiben hobeln, salzen und ca. ½ Stunde stehen lassen. Dann die Gurken mit der Hand sanft auspressen und das austretende Wasser abgießen.

Sauerrahm mit Essig glattrühren, Dille zugeben und unter die Gurken mischen. Mit Salz sowie Pfeffer abschmecken und kalt stellen (so verlieren die Gurken nicht nochmals Wasser).

BLUNZ'NGRÖSTL: Blutwurst und gekochte Erdäpfel in Scheiben, die Zwiebel in feine Würferl schneiden.

In einer Pfanne etwa 1 Esslöffel Schmalz erhitzen und die Zwiebelwürfel hell anschwitzen. Erdäpfel zugeben und knusprig braten.

Mit Majoran, Salz und Pfeffer würzen, dann die Erdäpfel aus der Pfanne nehmen und beiseite stellen.

Das restliche Schmalz erhitzen, die Blutwurstscheiben zugeben und knusprig anbraten. Abschließend die Erdäpfel wieder hinzufügen und bei Bedarf nachwürzen.

ANRICHTEN: Blunz'ngröstl auf vorgewärmten Tellern anrichten. Den Gurkensalat nach Belieben mit Paprikapulver bestreuen und dazuservieren.

BLUNZ'NGRÖSTL

Ca. 500 g Blunz'n (Blutwurst)
Ca. 500 g gekochte speckige Erdäpfel
1 kleine Zwiebel
2 EL Schmalz
Majoran
Salz & Pfeffer

RAHM-GURKEN-SALAT

2 Salatgurken
125 g Sauerrahm
3 EL Essig
1 EL gehackte Dillspitzen
Salz & Pfeffer
Evtl. Paprikapulver

Hausgemachter Apfelleberkäse mit Zwiebelsenf

♨♨♨ | ⏱ 2 STD.

APFELLEBERKÄSE

400 g mageres Rindfleisch (ohne Sehnen und Häutchen)

220 g magere Schweins-schulter

1 kleine Zwiebel

1 EL Butter

120 g Schweinsleber

200 g grüner Speck (unge-selchter Speck)

220 g Eiswürfel

2 Eier

125 ml kaltes Schlagobers

50 g Stärkemehl

2 mittelgroße gekühlte Äpfel

20 g Salz

20 g Pökelsalz

Majoran

Pfeffer

Butter für die Form

ZWIEBELSENF

2 EL fein geschnittene Zwiebeln

2 EL süßer Senf

2 EL scharfer Senf

APFELLEBERKÄSE: Rind- und Schweinefleisch in größere Würfel schneiden, mit Salz, Pökelsalz, Majoran und Pfeffer vermengen und zugedeckt kalt stellen. Die Zwiebel in feine Würfel schneiden, in Butter anrösten und ebenfalls kalt stellen.

Dann das gewürzte kalte Fleisch sowie Leber, Speck und Zwiebeln fein faschieren und anschließend im Cutter zu einer sämigen Konsistenz verarbeiten. Dabei nach und nach die Eiswürferl zugeben, damit die Masse nicht zu warm wird! Eier, Obers und Stärkemehl einarbeiten (dadurch erhält die Masse einen schönen Seidenglanz). Fleischmasse in eine gekühlte Schüssel geben.

Gut gekühlte Äpfel in kleine Würferl schneiden und unter die Masse mengen. Eine passende Kasten- oder hohe Auflaufform mit flüssiger Butter ausstreichen, die Masse einfüllen und im vorgeheizten Backrohr bei 230 °C ca. 30 Minuten vorbacken, damit der Leberkäse ein schönes „Krusterl" bekommt. Dann die Hitze auf 120 °C reduzieren und den Leberkäse noch ca. 40 Minuten fertig garen.

ZWIEBELSENF: Die fein geschnittenen Zwiebeln mit süßem und scharfem Senf vermengen.

ANRICHTEN: Fertig gegarten Leberkäse herausheben, kurz rasten lassen und aus der Form stürzen.

In Scheiben tranchieren und mit dem Zwiebelsenf anrichten.

 MEIN TIPP

Dieses Rezept erfordert sicher etwas mehr Zeit und Aufwand, doch wer jemals diesen selbst gemachten Leberkäse gekostet hat, wird danach süchtig werden. Zumindest war das bei mir der Fall. Ich serviere dazu auch gerne Marillen- oder Zwetschkensenf und Apfelkren (> S. 110).

Bohnengulasch

 AM VORABEND EINWEICHEN + 1½ STD.

BOHNENGULASCH

Ca. 750 g getrocknete
Bohnen
1 Zwiebel
3 EL Speckwürferl
2 EL Schmalz oder Öl
2 EL Mehl
2 EL Paprikapulver
1 Schuss Essig
2 Knoblauchzehen
500 ml Rindsuppe (> S. 38)
1 TL Majoran
1 TL Thymian
Salz

FERTIGSTELLEN

1 Kranzerl Braunschweiger
(oder andere deftige Würstel)
Etwas Schmalz oder Öl

VORBEREITEN: Die getrockneten Bohnen am Vorabend in Wasser einweichen und über Nacht stehen lassen.

BOHNENGULASCH: Die eingeweichten Bohnen am nächsten Tag weich kochen.

Die Zwiebel feinwürfelig schneiden und mit dem Speck in etwas Schmalz oder Öl anrösten. Mit Mehl sowie Paprikapulver stauben und mit einem Schuss Essig ablöschen.

Knoblauch fein hacken, zugeben und salzen. Mit Suppe aufgießen, mit Majoran und Thymian würzen und alles gut verkochen lassen.

Zum Schluss die weich gekochten Bohnen beigeben.

FERTIGSTELLEN: Die Braunschweiger in Scheiben oder Würfel schneiden, in etwas Fett kurz anrösten und über das fertige Gulasch streuen.

 MEIN TIPP

Für ein g'schmackiges Erdäpfelgulasch verwendet man anstelle der Bohnen 750 g Erdäpfel. Diese werden geschält, kleinwürfelig geschnitten, zeitgleich mit der Suppe hinzugefügt und weich gekocht (währenddessen evtl. noch etwas Suppe nachgießen).

Ritschert
mit Bohnen und Selchripperln

 AM VORABEND EINWEICHEN + 1¾ STD.

VORBEREITEN: Bereits am Vortag Bohnen und Rollgerstl in reichlich Wasser einweichen und über Nacht stehen lassen.

RITSCHERT: Am nächsten Tag das Wurzelgemüse in kleine Würfel, den Knoblauch blättrig und die Zwiebel in etwas größere Stücke schneiden.

In einem Topf ca. 2 Liter Wasser mit Zwiebelstücken, Knoblauch, Lorbeerblättern, Wacholderbeeren und Majoran aufstellen, zum Kochen bringen. Die Ripperl zugeben und etwa 30 Minuten kochen.

Bohnen abseihen, zugeben und ebenfalls ca. 35 Minuten köcheln lassen. Zum Schluss Gemüse und abgeseihtes Rollgerstl beigeben und so lange kochen, bis Bohnen und Gerste weich gegart sind (ca. 30 Minuten).

Das Fleisch herausheben, von den Knochen befreien und in kleinere, mundgerechte Stücke schneiden. Wieder einlegen und das Ritschert mit Essig, gehackter Petersilie, gehacktem Liebstöckel sowie Salz und Pfeffer abschmecken.

In tiefen Tellern oder Schüsseln heiß servieren.

RITSCHERT
500 g geselchte Ripperl
100 g Rollgerstl (Reibgerste)
80 g kleine weiße Bohnen
1 Karotte
1 Gelbe Rübe
½ Sellerieknolle
4 Knoblauchzehen
1 Zwiebel
2 Lorbeerblätter
5 Wacholderbeeren
1 EL Majoran
2 Stammerl (Zweiglein) Liebstöckel
1 Schuss Essig
Petersilie

Augsburger
mit eingebrannten Erdäpfeln

🍴 | ⏱ 20 MIN.

EINGEBRANNTE ERDÄPFEL: Die gekochten Erdäpfel in Scheiben, die Zwiebel und die Essiggurkerl feinwürfelig schneiden.

Etwas Fett erhitzen und die Zwiebelwürferl darin anschwitzen. Mit Mehl stauben und leicht braun werden lassen.

Unter ständigem Rühren langsam mit Suppe und Essiggurkerlwasser aufgießen und einkochen lassen. Mit einem Schuss Essig, Majoran und Salz abschmecken und nochmals etwas köcheln lassen, bis die Sauce sämig geworden ist.

Zum Schluss Erdäpfelscheiben und Gurkerl einmengen, heiß werden lassen und bei Bedarf nachwürzen.

AUGSBURGER: Die Augsburger schälen, der Länge nach halbieren und auf der Oberseite mit dem Messer ein rautenförmiges Muster einschneiden, dabei aber nicht zu tief in die Wurst hineinschneiden.

Die eingeschnittene Seite in Mehl tauchen.

In einer Pfanne etwas Fett erhitzen, die Augsburger mit der bemehlten Seite nach unten einlegen und knusprig braten. Wenden und fertig braten.

Auf den eingebrannten Erdäpfeln anrichten.

AUGSBURGER
4 Stück Augsburger (ersatzweise Knacker)
Mehl zum Wenden
Schmalz oder Öl zum Braten

EINGEBRANNTE ERDÄPFEL
500 g kalte, gekochte Erdäpfel
1 Zwiebel
150 g Essiggurkerl
Schmalz oder Öl zum Braten
1 EL Mehl
500 ml Rindsuppe (> S. 38)
Ca. 60–70 ml Essiggurkerlwasser
1 Schuss Weinessig
1 EL Majoran
Salz

 MEIN TIPP

Augsburger sind eine ganz besondere österreichische Wurstspezialität! Die Würste sehen zwar ähnlich aus wie Knacker, da sie aber nicht geräuchert werden, sind sie im Geschmack feiner und haben eine hellrosa Farbe. Augsburger werden nicht gekocht, sondern geschält und dann gebraten.
Bei uns zu Hause waren Augsburger früher immer ein Winteressen, auf das sich die ganze Familie gefreut hat. Dazu gab's auch Erdäpfelrösti und Spinat (> S. 108) oder Kohlgemüse (> S. 126).

Grammel- und Selchfleischknöderl auf Veltlinerkraut mit Birnen

🍴 | ⏱ 1–1½ STD.

....

KNÖDERL

Erdäpfelteig (> S. 152)

Salz

Evtl. frisch gehackte Petersilie

GRAMMELFÜLLE

200 g Grammeln

1 EL Zwiebelwürfel

½ Knoblauchzehe

1 TL gehackte Petersilie

Majoran

Salz & Pfeffer

SELCHFLEISCHFÜLLE

200 g mageres Selchfleisch

1 EL Zwiebelwürfel

1 TL Schmalz

Etwas gehackte Petersilie

Salz & Pfeffer

GRAMMELFÜLLE: Die Grammeln fein hacken oder wiegen und in der Pfanne kurz durchrösten. Herausheben und behutsam durch die Erdäpfelpresse drücken (sie werden dadurch knuspriger und etwas fettärmer).

Die Zwiebelwürfel im verbliebenen Fett hell anschwitzen und über die noch warmen Grammeln streuen.

Die halbe Knoblauchzehe fein hacken und mit den restlichen Zutaten beigeben, gut durchmischen und etwas überkühlen lassen (wenn das Fett gestockt ist, lässt sich die Fülle besser formen).

Die ausgekühlte Masse zu kleinen Knöderln formen und kalt stellen.

SELCHFLEISCHFÜLLE: Selchfleisch sehr fein schneiden oder wiegen.

Zwiebelwürfel in Schmalz hell anschwitzen, Selchfleisch beigeben und kurz durchrösten. Petersilie zugeben, mit Salz sowie Pfeffer würzen, gut durchmischen und die Masse auskühlen lassen.

Dann zu kleinen Knöderln formen und kalt stellen.

KNÖDERL: Den Erdäpfelteig wie beschrieben vorbereiten. Teig zu einer Rolle formen, in Scheiben schneiden, diese in der Hand etwas flachdrücken und jeweils etwas von der vorbereiteten Fülle damit umhüllen. Zu schönen Knödeln formen und gut festdrücken.

In einem großen Topf Salzwasser zum Kochen bringen, die Knöderl einlegen und ca. 15 Minuten nicht zu stark kochen.

VELTLINERKRAUT MIT BIRNEN > *nächste Seite*

VELTLINERKRAUT MIT BIRNEN

1 Krautkopf

500 ml Veltliner (oder anderer fruchtiger Weißwein)

1 kleine Zwiebel

2 EL Schmalz

2 EL Zucker

2 Lorbeerblätter

2 Birnen

1 roher Erdapfel

1 Schuss Weißweinessig

Salz & Pfeffer

VELTLINERKRAUT MIT BIRNEN: Das Kraut vom Strunk befreien, grobe Außenblätter entfernen und das Kraut in feine Streifen schneiden.

Zwiebel feinwürfelig schneiden und in Schmalz andünsten. Zucker darüberstreuen und leicht bräunen, mit Weißwein aufgießen, Lorbeerblätter dazugeben und alles kurz aufkochen lassen. Das fein geschnittene Kraut zugeben und ca. 25 Minuten weich dünsten.

Die Birnen schälen, vierteln, entkernen, blättrig schneiden und in den letzten 5 Minuten der Garzeit zugeben. Den Erdapfel schälen, roh reiben und das Kraut damit binden. Mit einem Schuss Weißweinessig, Salz sowie Pfeffer abschmecken.

ANRICHTEN: Gekochte Knöderl herausheben und abtropfen lassen.

Veltlinerkraut auf die Teller verteilen, die Knödel darauf anrichten und mit Petersilie garnieren.

Vollends ins Schwärmen geraten meine Gäste, wenn ich über die angerichteten Knöderl noch etwas heißen Schweinsbratensaft träufle – einfach sündhaft gut!

Nachhaltigkeit

....

Nachhaltigkeit beginnt für mich bereits bei der Fleischauswahl. Ich verarbeite meistens ganze Tiere von Bauern mit Weidehaltung, Naturfutter und schonender Schlachtung. Was den Tieren guttut, tut der Fleischqualität gut – denn die ist dadurch ganz wunderbar. Und ich sorge dafür, dass nicht nur die Edelteile verarbeitet werden. Daher stehen bei mir immer Innereiengerichte auf der Karte – auch das ist Nachhaltigkeit.

Schinkenfleckerl im Rohr gebacken

🍴 | ⏱ 1 STD.

Ca. 300 g Fleckerl
300 g Geselchtes oder
Schinken (evtl. mit etwas
Speck vermischt)
1 kleine Zwiebel
1 TL Schmalz oder Fett
1 EL gehackte Petersilie
5 Eier
250 g Sauerrahm
250 ml Schlagobers
Ca. 100 g Weißbrotbrösel
Salz & Pfeffer
Butter für die Form

> *Foto: Die einfache Variante*
der Schinkenfleckerl (ohne
Schnee): mindestens genauso
köstlich (> Tipp)

Fleckerl nach Packungsanleitung in reichlich Salzwasser al dente kochen, abseihen und kalt abschrecken.

Geselchtes in kleine Würfel, die Zwiebel feinwürfelig schneiden. Fett erhitzen und die Zwiebelwürfel darin hell anschwitzen, Petersilie zugeben und mit dem Schinken vermischen. Vom Herd nehmen.

4 Eier in Dotter und Eiklar trennen. Die Dotter mit dem ganzen Ei, Sauerrahm und Obers verrühren. Salzen, pfeffern und mit dem Schinken sowie den Fleckerln verrühren. Etwa 80 g Weißbrotbrösel untermengen und mit den restlichen Bröseln eine gut gebutterte Form ausstreuen.

Das Eiklar zu Schnee schlagen und vorsichtig unter die Masse heben.

Die Masse in die vorbereitete Form einfüllen und im vorgeheizten Backrohr bei 180 °C Umluft ca. 35 Minuten goldbraun backen.

MEIN TIPP

Weitaus rascher und weniger aufwändig lassen sich nicht überbackene Schinkenfleckerl zubereiten. Dafür einfach nur die gekochten Fleckerl unter den Schinken mit Zwiebeln mischen, dabei ruhig ein bisserl mehr Schmalz nehmen (etwa einen Esslöffel) und je nach Geschmack mit frischem Schnittlauch oder mit etwas Käse bestreuen und rasch bei großer Oberhitze überbacken. Solche Fleckerl sind übrigens eine ganz wunderbare Restlverwertung, wenn man statt Schinken Wurstreste verarbeitet. Egal, für welche Variante Sie sich entscheiden: Rote-Rüben-Salat (> S. 57) oder frischer Blattsalat passen immer dazu!

Gefüllte Paprika mit Paradeissauce

🍴 | ⏱ 1–1¼ STD.

GEFÜLLTE PAPRIKA: Bei den Paprikaschoten die Stiele herausschneiden und zur Seite legen. Körner und weißes Fruchtfleisch aus dem Inneren der Schoten entfernen. Schoten waschen und abtropfen lassen.

Die Zwiebel in feine Würfel schneiden, Knoblauch fein hacken und beides in etwas Butter hell anschwitzen. Wieder vom Herd nehmen und mit den Gewürzen sowie dem gegarten Reis unter das Faschierte mischen.

Die Masse vorsichtig (am besten mit der Hand) in die Schoten füllen. Die Kappen aufsetzen und leicht andrücken.

Eine passende Form mit Butter ausstreichen und den Boden mit etwas Wasser oder Suppe bedecken. Gefüllte Paprikaschoten hineinsetzen und im vorgeheizten Backrohr bei 160 °C ca. 45 Minuten garen.

PARADEISSAUCE: Die Paradeiser ganz kurz in kochendes Wasser tauchen (ca. 1 Minute), herausnehmen und die Haut abziehen. Strunk ausschneiden und die Paradeiser grob teilen.

Zwiebelwürferl in heißem Öl andünsten, Zucker darüberstreuen und leicht karamellisieren. Paradeiser sowie Lorbeerblatt beigeben und ca. 15 Minuten dünsten lassen.

Das Lorbeerblatt entfernen, die Paradeiser pürieren und mit Essig, Salz und Pfeffer abschmecken.

ANRICHTEN: Paradeissauce auf vorgewärmte Teller verteilen und die gefüllten Paprika darauf anrichten.

GEFÜLLTE PAPRIKA

4 große, dünnwandige, hellgrüne Paprikaschoten
500 g Faschiertes
1 kleine Zwiebel
2 Knoblauchzehen
1 EL Butter
2 EL gegarter Reis
Etwas Majoran
Etwas Butter
Suppe (> S. 38) oder Wasser für die Form
Salz & Pfeffer

PARADEISSAUCE

500 g weiche, vollreife Fleischparadeiser (Ochsenherzen)
2 EL Zwiebelwürfel
4 EL Öl
1 EL Zucker
1 Lorbeerblatt
1 Schuss Essig
Salz & Pfeffer

 MEIN TIPP

Hin und wieder gebe ich zusätzlich geviertelte Paradeiser und einige Zwiebelspalten zu den gefüllten Paprikaschoten in die Form und gare alles gemeinsam. Das gedünstete Gemüse wird dann mit den Paprikaschoten angerichtet.

Man sagt uns Österreichern gerne nach, dass wir am liebsten alles panieren und in viel Fett herausbacken. Sicher, das Wiener Schnitzerl ist ein Teil unserer kulinarischen Identität. Doch wenn ich mir so ansehe, welche Hauptgerichte meine Gäste bei mir am liebsten bestellen, dann ergibt sich ein ganz anderes Bild. Herzhafte Innereien, mürber Tafelspitz, knusprige Brat'ln und edles Wild sind da die Favoriten. Und dazwischen auch immer wieder das ein oder andere Fischlein – schließlich sind wir ja in Krems an der schönen blauen Donau!

Mein Geheimtipp

Gehackte Schweinshaxerl im Netz gebraten mit Kohlrabigemüse

Hauptgerichte.

Welsfilet
in Riesling gedünstet

 🕐 30 MIN.

4 große oder 8 kleine Wels-
filets (oder andere Fischfilets, z. B. Reinanke, Forelle,
Saibling)
1 kleine Zwiebel
2 EL Butter
250 ml Riesling oder anderer
voller Weißwein
250 ml Fischfond oder leicht
gesalzenes Wasser
2 EL gehackte Petersilie
1 EL Mehl
2 Eidotter
3 EL Schlagobers
Salz & Pfeffer

Die Zwiebel feinwürfelig schneiden und in Butter andünsten. Etwa die Hälfte der Petersilie zugeben, mit Wein, Fond oder Salzwasser aufgießen und leicht köcheln lassen.

Fischfilets leicht salzen und pfeffern, in den Sud legen, kurz aufwallen lassen und ca. 10 Minuten ziehen lassen. Dann die Filets herausnehmen und warm stellen.

Mehl in die verbliebene Flüssigkeit einrühren, aufkochen lassen und die Sauce evtl. durch ein Sieb passieren oder mit dem Pürierstab aufmixen.

Mit Eidottern und Obers legieren, aber dabei nicht mehr aufkochen lassen (Sauce gerinnt sonst!). Nochmals abschmecken.

Fischfilets mit der fertigen Sauce anrichten und mit der restlichen Petersilie bestreuen.

Als Beilage serviere ich dazu meist mehlige Salzerdäpfel.
Diese Art der Fischbereitung war übrigens schon im Alten Wien äußerst be-
liebt. Damals garnierte man die Fischfilets auch gerne mit gehackten hartge-
kochten Eiern, die einfach darübergestreut wurden.
Ebenfalls alt, aber gut ist der Tipp, die Sauce durch etwas Senf, verschiedene
Kräuter, fein gehackte Kapern und Sardellen zu verfeinern. Ja, sogar Fluss-
krebserl landeten damals in der Sauce!

Karpfenfilets in Schwarzbiersauce mit Krautfleckerln

KARPFENFILET 🍴 | ⏱ 40 MIN.
KRAUTFLECKERL 🍴 | ⏱ 45 MIN.

KARPFENFILETS IN SCHWARZBIERSAUCE: Speck und Zwiebel feinwürfelig schneiden. Die Karpfenfilets in Stücke portionieren, kräftig salzen, pfeffern und mit der Hautseite in Mehl tauchen.

In einer Pfanne (oder einem Bräter) etwas Öl erhitzen, die Filets mit der Hautseite nach oben einlegen, kurz anbraten, dann umdrehen und auf der Mehlseite bräunen. Aus der Pfanne heben.

Im Bratrückstand Speck und Zwiebeln leicht anrösten, Paprikapulver darüberstreuen, mit Bier und Suppe aufgießen, Honig, Salz und Pfeffer beigeben und mit einem Schuss Essig abschmecken.

Karpfenstücke mit der Haut nach unten einlegen, Lorbeer und Wacholder zugeben und die Filets ca. 8 Minuten zugedeckt garen (am besten im vorgeheizten Backrohr bei 180 °C). Dann herausheben und warm stellen.

Rahm mit Mehl verrühren, in die Biersauce einrühren und diese etwas einkochen lassen. Lorbeer und Wacholder entfernen.

KRAUTFLECKERL: Den Strunk entfernen und das Kraut zuerst in Streifen, dann in kleine Quadrate bzw. Fleckerl schneiden. Die Zwiebel in feine Würfel schneiden.

In einer Pfanne etwas Schmalz erhitzen, Zucker zugeben und hell karamellisieren lassen. Zwiebeln und evtl. Paprikapulver beigeben, ganz kurz rösten, Kraut hinzufügen und ebenfalls kurz durchrösten.

Mit Wasser oder Suppe ablöschen, mit Kümmel würzen und das Kraut ca. 30 Minuten weich dünsten. Dabei nicht zu viel Flüssigkeit zugeben und das Kraut eher trocken halten.

In der Zwischenzeit Fleckerl in Salzwasser bissfest kochen, abseihen, kurz kalt abschrecken und abtropfen lassen. Unter das fertig gegarte Kraut mischen. Mit Salz und Pfeffer abschmecken.

ANRICHTEN: Die Filets mit Schwarzbiersauce und Krautfleckerln anrichten.

KARPFENFILETS IN SCHWARZBIERSAUCE

Ca. 1 kg Karpfenfilets
100 g Frühstücksspeck
2 EL Zwiebelwürfel
1 EL Paprikapulver
Ca. 500 ml Schwarzbier
250 ml Suppe (> S. 38)
1 EL Honig
1 Schuss Essig
1 Lorbeerblatt
2 Wacholderbeeren
125 g Sauerrahm
1 EL Mehl für die Sauce
Etwas Mehl zum Wenden
Salz & Pfeffer
Öl zum Braten

KRAUTFLECKERL

200 g Teigfleckerl
500 g Weißkraut
1 Zwiebel
6 EL Schmalz
2 EL Zucker
Ca. 1 TL Paprikapulver
Ca. 125 ml Wasser oder Suppe (> S. 38)
1 TL gestoßener Kümmel

> *Foto: Ein Klassiker sind Krautfleckerl als eigenständiges Gericht, wofür Sie ungefähr die doppelte Menge zubereiten sollten.*

Reisfleisch von der Kalbsstelze

 1¼ STD.

Ca. 1 kg ausgelöstes Fleisch von der Kalbsstelze (oder Schweinsschulter)
500 g Reis
1 Zwiebel
2 EL Fett
2 Knoblauchzehen
1 EL Paprikapulver
Ca. 750 ml Suppe (> S. 38)
250 g Sauerrahm (1 Becher)
Parmesan zum Bestreichen
Salz & Pfeffer

Das Fleisch in mundgerechte Würfel schneiden. Zwiebel ebenfalls fein schneiden und in etwas Fett hell anrösten. Den Knoblauch fein hacken und mit dem Paprikapulver dazugeben.

Das Fleisch einmengen, mit ca. 250 ml Suppe aufgießen (den Rest für später aufheben!) und etwa 35 Minuten dünsten lassen. Am Ende sollte die Flüssigkeit verdunstet sein.

Nun den Reis einrühren, mit der restlichen Suppe aufgießen und im vorgeheizten Backrohr bei ca. 170 °C ungefähr 25 Minuten fertig dünsten.

Mit Salz und Pfeffer abschmecken, den Sauerrahm einrühren und alles mit frisch geriebenem Parmesan bestreuen.

 MEIN TIPP

Zu diesem österreichischen Klassiker serviere ich gerne erfrischenden Blattsalat, den ich ebenso klassisch mit einer ganz leichten Zuckerspitze in der Marinade abmache.

Gefüllte Kalbsbrust mit Erbsenreis (Risipisi)

KALBSBRUST | 3–4 STD.
ERBSENREIS | 30 MIN.

KALBSBRUST

1 Kalbsbrust mit ca. 2,5 kg (vom Fleischhauer untergreifen lassen) samt klein gehackter Knochen
Öl
Salz

SAUCE

Ca. 2 EL Mehl
Wasser oder Suppe (> S. 38) zum Aufgießen
Etwas kalte Butter

FÜLLE

Ca. 500 g Semmelwürfel
1 Zwiebel
4 EL Butter
2 EL gehackte Petersilie
5 Eier
300 ml Milch
Muskatnuss
Salz
Evtl. Semmelbrösel

FÜLLE: Die Zwiebel klein schneiden und in etwas Butter glasig anlaufen lassen. Petersilie beigeben und über die Semmelwürfel gießen.

Die Eier mit der Milch versprudeln, ebenfalls über die Semmelmasse gießen, mit Muskatnuss sowie Salz würzen und alles sanft durchmischen.

Etwa 20 Minuten ziehen lassen. (Ist die Masse danach zu weich, noch etwas Semmelbrösel dazugeben.)

GEFÜLLTE KALBSBRUST: Die Kalbsbrust waschen, trocken tupfen und innen salzen.

Die vorbereitete Masse vorsichtig in die Kalbsbrust füllen (diese sollte dabei nicht reißen!). Die Öffnung mit Küchengarn zunähen. Dann die Brust gut mit Salz würzen und mit Öl bestreichen.

Die gehackten Knochen in eine Bratenpfanne legen, die Kalbsbrust daraufsetzen und im vorgeheizten Backrohr bei 200 °C ca. 20 Minuten anbraten. Dann die Temperatur auf 150 °C reduzieren und die Kalbsbrust unter mehrmaligem Übergießen je nach Qualität 2–3 Stunden fertig braten. Dafür wiederholt heißes Wasser oder Suppe zugießen.

Die fertig gebratene Kalbsbrust aus der Pfanne nehmen und kurz warm rasten lassen.

SAUCE: Die Knochen kräftig weiterrösten, bis die Flüssigkeit zur Gänze verdunstet ist.

Mehl darüberstauben und nochmals gut durchrösten. Mit Suppe oder Wasser aufgießen und einreduzieren (einkochen lassen). Das Safterl abseihen und einige kalte Butterstücke einrühren, aber nicht mehr kochen.

ERBSENREIS (RISIPISI) > *nächste Seite*

ERBSENREIS (RISIPISI): Butter oder Öl in einer Kasserolle leicht erhitzen. Die Zwiebelstücke hell anschwitzen, den Reis zugeben und ebenfalls kurz anschwitzen.

Mit Wasser oder Suppe aufgießen und kräftig salzen. Ins heiße Backrohr stellen und bei 150 °C ca. 25 Minuten dünsten. (Oder auf dem Herd bei minimaler Hitze zugedeckt weich dünsten.)

Inzwischen die Erbsen in etwas Salzwasser bissfest kochen und abseihen.

Gegarten Reis mit einer Gabel auflockern und die heißen, gekochten Erbsen unterheben. Nochmals abschmecken.

ERBSENREIS (RISIPISI)
200 g Langkornreis
1 EL Butter oder Öl
2 EL fein geschnittene Zwiebeln
Ca. 300 ml Wasser oder Suppe (> S. 38)
200 g Erbsen
Salz

Leichter lässt sich gefüllte Kalbsbrust portionieren bzw. aufschneiden, wenn man sie vor dem Füllen auslöst, also von den Knochen befreit, die Masse aufträgt und dann alles zusammenrollt. Reißt die Kalbsbrust beim Füllen, so können die Löcher auch vernäht werden.

Cordon bleu
mit Mayonnaise- oder Erdäpfelsalat

CORDON BLEU 🍴 | ⏱ 25–30 MIN.

ERDÄPFELSALAT 🍴 | ⏱ 30–40 MIN. + 30 MIN. RASTEN LASSEN ┊ MAYONNAISESALAT 🍴 | ⏱ 30–40 MIN.

CORDON BLEU

4 große Schnitzel von der Kalbsschale (ca. 700 g)
4 Scheiben Beinschinken (ca. 80 g)
4 Scheiben Bergkäse oder Gouda (ca. 120 g)
Mehl
Semmelbrösel
1–2 Eier
Etwas Milch
Öl oder Butterschmalz zum Backen
Salz

ERDÄPFELSALAT

1 kg festkochende Erdäpfel
1 kleine Zwiebel
250 ml Rindsuppe (> S. 38)
60–70 ml Essig
1 TL Salz
1 Prise Zucker
60–70 ml Pflanzenöl
Weißer Pfeffer

CORDON BLEU: Die Schnitzel auf ein Schneidbrett legen, eine Frischhaltefolie darüberlegen und zart ausklopfen. Beidseitig salzen.

Auf je eine Hälfte des Schnitzerls eine Scheibe Schinken und Käse legen, die andere Hälfte darüberklappen und die Ränder mit dem Schnitzelklopfer etwas zusammenklopfen.

Mehl und Semmelbrösel zum Panieren vorbereiten, Eier mit etwas Milch in einem tiefen Teller verschlagen.

Die gefüllten Schnitzerl in Mehl wenden, durch die Eier ziehen und in den Bröseln panieren. In reichlich heißem Fett auf jeder Seite ca. 3 Minuten goldgelb backen.

Mit einer Backschaufel herausheben und mit Küchenrolle abtupfen.

ERDÄPFELSALAT: Die Erdäpfel weich kochen, schälen und in messerrückendicke Scheiben schneiden. Die Zwiebel in feine Würferl schneiden.

Die Rindsuppe erwärmen, die Zwiebelwürfel zugeben und mit Essig, Salz sowie Zucker würzen. Die Erdäpfel zugeben und etwa 30 Minuten rasten lassen, währenddessen wiederholt mit einer Spachtel oder Palette umrühren, damit die Erdäpfel nicht aneinanderkleben.

Abschließend Öl einmengen und mit weißem Pfeffer abschmecken.

MAYONNAISESALAT und Tipp > *nächste Seite*

MAYONNAISESALAT

Ca. 800 g festkochende
Erdäpfel

60–70 ml Essig

Salz

1 TL Zucker

60–70 ml Wasser

200 g Mayonnaise (> S. 23)

Evtl. 2 EL Joghurt

MAYONNAISESALAT: Die Erdäpfel weich kochen, schälen und in messer-rückendicke Scheiben schneiden.

Essig mit Salz, Zucker sowie Wasser vermengen und behutsam unter die Erdäpfel rühren.

Mayonnaise nach Belieben mit Joghurt verrühren (damit sie nicht zu üppig schmeckt) und wiederum vorsichtig unter die geschnittenen Erdäpfel ziehen. (Ist die Mayonnaise zu dick geraten, so kann sie mit Obers oder Essigwasser verdünnt werden.) Salat abschmecken.

*Ein **Cordon bleu de luxe** zaubern Sie herbei, indem Sie statt der üblichen Fülle etwas Butter schaumig schlagen und diese mit einem Eidotter sowie fein gehackten, gedünsteten Schwammerln, Champignons oder blanchiertem Blattspinat vermengen. Die Fülle gerät dadurch g'schmackig, aber weniger üppig. Die Brösel könnten übrigens auch mit ein bisserl geriebenem Bergkäse oder Parmesan vermischt werden.*

*Wer einmal keine Lust und/oder Zeit für das Füllen der Schnitzerl hat, wird mit klassischem **Wiener Schnitzerl** sicher genauso großen Erfolg einheimsen.*

*Ich habe unter meinen Gästen nicht wenige, die auch kleine **panierte Medaillons** ganz besonders lieben. Diese können aus Kalbfleisch zubereitet, aber auch vom Schweinslungenbraten geschnitten werden. Wer's gerne deftiger mag, schneidet die Schnitzel doppelt aus dem Schweinskarree.*

*Ich selbst liebe die kleinen Medaillons vom Schweinslungenbraten auch auf **Pariser Art,** d. h. nur in Mehl gewendet und in Ei getaucht. Etwas kräftiger schmecken Pariser Schnitzerl, wenn Sie das Ei mit geriebenem Parmesan vermengen – ein Hauch Mittelmeer für zuhause!*

*Für knuspriges **Backhendl** werden einzelne Hühnerteile ebenfalls paniert und in heißem Fett herausgebacken, wobei Bruststücke je nach Stärke nur ca. 10 Minuten, Hühnerhaxerl jedoch rund 20 Minuten benötigen.*

Kalbsrahmgulasch mit Butternockerln

KALBSRAHMGULASCH | ⏱ 1 STD.
BUTTERNOCKERL | ⏱ 20 MIN.

KALBSRAHMGULASCH: Das Fleisch in mundgerechte, kleine Stücke, die Zwiebeln in feine Würfel schneiden.

In einem Topf Fett erhitzen und die Zwiebelwürferl darin langsam hell anrösten. Knoblauch fein hacken und mit dem Paprikapulver zugeben, ganz kurz durchrösten und mit Suppe aufgießen.

Fleisch beigeben und ca. 50 Minuten sanft köcheln lassen, bis das Fleisch weich geworden ist. Währenddessen bei Bedarf etwas Suppe nachgießen.

Sauerrahm, Zitronensaft und Mehl glattrühren, in das Gulasch einrühren und den Saft damit binden. Nochmals kurz aufkochen und salzen.

BUTTERNOCKERL: Den Nockerlteig wie beschrieben vorbereiten, auf ein Schneidbrett geben und mit dem Messerrücken oder einem Löffel kleine Nockerl direkt ins kochende Salzwasser schaben. Einmal kurz aufkochen lassen und abseihen.

Die Nockerl abtropfen lassen und in etwas Butter schwenken.

ANRICHTEN: Das Kalbsrahmgulasch auf heißen Tellern anrichten und mit den Butternockerln auftragen.

KALBSRAHMGULASCH

800 g Gulaschfleisch von Kalbsstelze, -hals oder -schulter
2 Zwiebeln
2 EL Schmalz oder Öl
2 Knoblauchzehen
3 EL edelsüßes Paprikapulver
Ca. 1 l Suppe (> S. 38) oder Kalbsfond
250 g Sauerrahm (1 Becher)
1 Spritzer Zitronensaft
2 EL Mehl
Salz

BUTTERNOCKERL

Nockerlteig (> S. 57)
Butter zum Schwenken

> Foto siehe Cover

MEIN TIPP

Ich kenne kaum jemanden, der keine Nockerl mag. Ob als Eiernockerl (> S. 57), Kas-, Schinken- oder Spinatnockerl – sie sind auch als Hauptgericht immer ein Renner. Es ist daher empfehlenswert, gleich eine größere Menge an Nockerln vorzubereiten und diese bei Bedarf einfach mit Käse, Schinken oder Spinat zu vollenden.

Kalbsrahmvögerl
mit hausgemachten Kerbelbandnudeln

KALBSRAHMVÖGERL ❙ 🕑 2 STD.
KERBELBANDNUDELN ❙ 🕑 30 MIN.

KALBSRAHMVÖGERL: Das Fleisch von Sehnen befreien und die Muskelstränge der Länge nach in längliche Stücke (sogenannte Vögerl) trennen. Diese salzen, pfeffern, in Mehl wenden und überschüssiges Mehl wieder behutsam abklopfen.

In einer flachen Kasserolle Öl erhitzen und die Vögerl an allen Seiten braun anbraten. Mit Suppe aufgießen und zugedeckt im vorgeheizten Backrohr bei 180 °C ca. 1½ Stunden dünsten. Währenddessen ab und zu wenden und bei Bedarf etwas Flüssigkeit nachgießen.

Weich gegartes Fleisch aus dem Topf nehmen und warm stellen.

Die Stärke mit Sauerrahm und Obers abrühren, in den kochenden Saft einrühren und aufkochen lassen. Nochmals abschmecken.

Dann den Topf von der Hitze nehmen, die kalte Butter in Form von kleinen Stückchen einrühren und den Saft abseihen. Das Fleisch wieder einlegen und nochmals kurz erhitzen.

KERBELBANDNUDELN: Mehl, Eier und Eidotter zu einem glatten Nudelteig verarbeiten. Mit dem Nudelwalker oder der Nudelmaschine dünn ausrollen und zu breiten Nudeln schneiden.

In einem großen Topf reichlich Salzwasser aufkochen und die Nudeln darin kurz bissfest kochen. (Alternativ fertige Nudeln nach Anleitung al dente kochen.) Nudeln abseihen und abtropfen lassen.

Das Kerbelkraut verlesen und fein hacken.

In einer Pfanne Butter schmelzen, das Kerbelkraut zugeben und kurz anschwitzen. Die Bandnudeln hinzufügen und durchschwenken.

ANRICHTEN: Die Kalbsrahmvögerl mit den Kerbelbandnudeln auf vorgewärmten Tellern auftragen.

KALBSRAHMVÖGERL

1 kg ausgelöste Kalbsstelze
Etwas Mehl
4 EL Öl
Ca. 500 ml Suppe (> S. 38),
Kalbsfond oder Wasser
2 TL Stärke
125 g Sauerrahm
2 EL Schlagobers
1 EL kalte Butter
Salz & Pfeffer

KERBELBANDNUDELN

500 g Mehl
4 Eier
4 Eidotter
Kerbelkraut
1 EL Butter
Salz

Alternativ fertige Nudeln
nach Belieben (250–300 g
Trockengewicht)

MEIN TIPP

Die Rahmsauce zu den Vögerln verfeinere ich manchmal gerne mit gebratenen Pilzen oder gekochten Spargelstückchen.

Kalbsnierenscheiben und gebackener Kalbskopf mit Steinpilzrisotto

 JEWEILS 20 MIN.

....

KALBSNIERENSCHEIBEN
1–2 Kalbsnieren mit Fett-
mantel
Öl zum Anbraten
Etwas Mehl
1 TL Butter
1 TL Senf
Etwas Suppe zum Aufgießen
(> S. 38)
60–70 ml Schlagobers
Salz & Pfeffer

GEBACKENER KALBSKOPF
4 Scheiben Kalbskopf
(> Tipp)
Mehl
1 Ei
Etwas Milch
Semmelbrösel
Öl zum Herausbacken
Salz

STEINPILZRISOTTO
180 g Steinpilze
340 g Risottoreis
1 kleine Zwiebel
3 EL Olivenöl
125 ml Weißwein
250 ml (Gemüse-)Suppe
(> S. 38)
3 EL Butter
3 EL geriebener Parmesan
Salz & Pfeffer

KALBSNIERENSCHEIBEN: Kalbsnieren in ca. 2 cm dicke Scheiben schneiden und etwas Fett entfernen, dabei aber ein „Fettranderl" von ca. 2 cm stehen lassen.

In einer Pfanne etwas Öl erhitzen. Die Kalbsnierenscheiben auf einer Seite in Mehl tauchen und mit der Mehlseite nach unten ins heiße Fett einlegen. Kurz braten, wenden und mit Salz sowie Pfeffer würzen.

Die Nierenscheiben aus der Pfanne geben und warm stellen. Das ausgetretene Fett abgießen. Butter im Bratrückstand zergehen lassen, Senf zugeben und dabei gut umrühren. Mit etwas Suppe ablöschen und den Saft einkochen lassen. Mit Obers verfeinern.

Die Nierenscheiben wieder einlegen und bei kleiner Hitze noch 2 Minuten köcheln lassen.

GEBACKENER KALBSKOPF: Kalbskopfscheiben salzen. In Mehl wenden, durch das mit etwas Milch verschlagene Ei ziehen und in den Semmelbröseln wälzen.

In einer passenden Pfanne Öl fingerdick eingießen und erhitzen. Den panierten Kalbskopf einlegen und goldgelb herausbacken. Auf Küchenrolle gut abtropfen lassen.

STEINPILZRISOTTO: Die Steinpilze putzen und in kleine Stückchen schneiden.

Zwiebel fein schneiden und in heißem Olivenöl glasig anschwitzen. Den Reis einrühren, ebenfalls anschwitzen und, sobald er glasig geworden ist, mit Wein ablöschen. Im offenen Topf bei kleiner Hitze ca. 18 Minuten garen lassen, dabei unter ständigem Rühren immer gerade so viel heiße Suppe zugießen, wie der Reis aufnehmen kann.

Ist der Reis schön kernig, Butter und Parmesan einrühren. Abschließend die geschnittenen Steinpilze unterrühren und das Risotto nur mehr kurz ziehen lassen – der Reis sollte al dente, aber keinesfalls zu weich gegart werden. Abschließend mit Salz und Pfeffer abschmecken.

ANRICHTEN: Die Kalbsnierenscheiben auf vorgewärmten Tellern anrichten und mit etwas Sauce umgießen. Das Risotto daneben anrichten, eventuell mit getrockneten Pilzscheiben dekorieren (> Tipp).

Den gebackenen Kalbskopf nach Belieben einmal schräg halbieren und so anrichten, dass er nicht in der Sauce zu liegen kommt.

Innereien vom Kalb gelten unter Feinschmeckern als ganz besondere Delikatesse. Daher verwöhne ich meine Gäste gleich mit einem Doppelpack aus Nieren und Kalbskopf. Sie können das Rezept aber auch vereinfachen und – wie am Foto gezeigt – nur die Nierchen mit Risotto servieren.
Gebackener Kalbskopf wird in der Wiener Küche auch gerne als eigenständiges Gericht serviert. Dazu reicht man meist Sauce tartare. Da es mittlerweile nur mehr wenige Fleischhauer gibt, die Kalbskopf selbst herstellen, ist es ratsam, rechtzeitig vorzubestellen.

Ein Tipp auch für das Pilzrisotto: Legen Sie einige besonders schöne Pilzscheiben zur Seite, braten Sie diese dann in Butter kurz an und garnieren Sie damit das fertige Risotto.
Sollten Pilze gerade keine Saison haben, sorgen auch Grammeln, klein geschnittenes Gemüse, geselchte Kalbszüngerlstückerl oder Blutwurstwürferl für aparten Aufputz im Risotto.

Kalbsherz mit Kapernsauce

🍴 | ⏱ 1 STD.

KALBSHERZ: Karotte, Lauch und Zwiebel in kleine Würfel schneiden.

Das Wasser mit Gewürzen und Gemüse zum Kochen bringen, das Kalbsherz einlegen und ca. 45 Minuten köcheln lassen, bis das Fleisch schön weich geworden ist.

KAPERNSAUCE: Salzkapern mit kaltem Wasser abspülen, eingelegte Kapern aus der Lake nehmen und abtropfen lassen.

Butter schmelzen und die Kapern kurz anschwitzen. Mit Weißwein ablöschen, Petersilie zugeben, mit Obers aufgießen, salzen, pfeffern und die Sauce etwas einköcheln lassen.

FERTIGSTELLEN: Das weich gekochte Herz herausheben, gut zuputzen und in Scheiben schneiden.

Die fertige Kapernsauce auf vorgewärmte Teller verteilen und das aufgeschnittene Kalbsherz darauf anrichten.

KALBSHERZ

1 Kalbsherz
1 Karotte
½ Stange Lauch
1 kleine Zwiebel
1 l Wasser
1 Thymianzweigerl
1 Rosmarinzweigerl
1 Lorbeerblatt
2 Wacholderbeeren
Salz & Pfeffer

KAPERNSAUCE

2 EL Kapern (Salzkapern oder aus der Lake)
1 EL Butter
125 ml Weißwein
1 EL gehackte Petersilie
250 ml Schlagobers
Salz & Pfeffer

MEIN TIPP

Feine Saucen verlangen auch feine Beilagen, wie etwa selbstgemachte goldgelbe Bandnudeln. Das Rezept dazu finden Sie bei den Kalbsvögerln mit Kerbelbandnudeln (> S. 99). Knackiger Blattsalat sorgt zusätzlich für eine frische Note.

Kalbsbeuscherl
mit Semmelknödel

KALBSBEUSCHERL ¶¶¶ | ⏱ 2 STD.
SEMMELKNÖDEL ¶ | ⏱ 30 MIN.

BEUSCHERL KOCHEN: Die Lunge gut wässern (über längere Zeit in eine mit Wasser gefüllte Schüssel legen). Dann zuputzen und von Luft- und Speiseröhre befreien.

In einem großen Topf das Wasser aufstellen, den Essig und sämtliche Gewürze zugeben, das Herz mit der Lunge einlegen und alles ca. 1½ Stunden kochen. Dabei während der letzten halben Stunde die Karotten beigeben und auch diese weich kochen.

Weich gekochtes Beuscherl aus dem Sud nehmen und auskühlen lassen. Den Sud abseihen und zur Seite stellen.

Erkaltetes Beuscherl sauber zuputzen und kleine Äderchen entfernen. Fleisch zuerst in dünne Scheiben und dann in feine Streifen schneiden.

BEUSCHERL FERTIGSTELLEN: Die Zwiebeln feinwürfelig schneiden und in Schmalz anrösten. Mit Mehl stauben, gut durchrösten und mit dem Beuschelsud aufgießen. Majoran sowie Thymian zugeben und unter ständigem Rühren ca. 10 Minuten einkochen, bis die Sauce eine sämige Konsistenz bekommen hat. Mit Zitronensaft, Weinessig, Salz, Pfeffer und evtl. ein bisserl Gurkerlwasser abschmecken.

Die Essiggurkerl sowie die gekochten Karotten feinwürfelig schneiden und mit dem geschnittenen Beuscherl in die Sauce geben. Nochmals kurz aufkochen lassen und abschmecken. Nach Geschmack mit Sauerrahm oder Obers abrunden.

SEMMELKNÖDEL: Butter schmelzen und die Zwiebelwürfel darin anlaufen lassen. Wieder vom Herd nehmen.

Eier versprudeln und mit Milch über die Semmelwürfel gießen, etwas ziehen lassen. Zwiebeln sowie gehackte Petersilie beigeben, mit Muskatnuss würzen, salzen und zum Schluss das Mehl gut einmengen.

Aus der Masse mit befeuchteten Händen kleine Knöderl formen. In einem großen Topf Salzwasser aufkochen, Knöderl einlegen und ca. 15 Minuten kochen.

ANRICHTEN: Beuscherl und Knödel auf vorgewärmten Tellern servieren.

KALBSBEUSCHERL

1 Kalbsherz
1 Kalbslunge

SUD

3 l Wasser
125 ml Essig
3 Lorbeerblätter
2 Thymianzweige
12 Pfefferkörner & Salz
3 Wacholderkörner
3 Karotten

FERTIGSTELLEN

2 Zwiebeln
4 EL Schmalz
4 EL Mehl
2 EL Majoran
2 EL Thymian
Saft von 1 Zitrone
1 Schuss Weinessig
Evtl. Gurkerlwasser
3 Essiggurkerl
250 ml Sauerrahm oder Schlagobers
Salz & Pfeffer

SEMMELKNÖDEL

300 g Semmelwürfel
2 EL Butter
2 EL Zwiebelwürfel
3 Eier
250 ml Milch
1 EL gehackte Petersilie
Etwas Muskatnuss
2 EL Mehl
Salz

Butterschnitzerl mit Dillrahmsauce

 30 MIN.

BUTTERSCHNITZERL

600 g faschiertes Kalbfleisch
1 Semmel
2 Eidotter
125 ml Schlagobers
1 TL gehackte Petersilie
1 Prise Muskatnuss
Salz & Pfeffer
1 EL Öl zum Braten
Etwas Suppe (> S. 38)
zum Aufgießen
1 EL kalte Butter für das
Safterl

DILLRAHMSAUCE

1 Bund Dille
250 ml Rind- oder klare
Gemüsesuppe (> S. 38)
1 EL Zwiebelwürfel
1 EL Butter
1 EL Mehl
125 g Sauerrahm
2 EL Schlagobers
1 Spritzer Zitronensaft
Salz

BUTTERSCHNITZERL: Die Semmel in etwas Wasser einweichen, dann ausdrücken.

Das Faschierte mit sämtlichen Zutaten vermischen, würzen und aus der Masse kleine ovale Laberl (Laibchen) formen.

In einer Pfanne Öl erhitzen und die Butterschnitzerl auf beiden Seiten langsam goldgelb braten (ca. 8 Minuten), aus der Pfanne nehmen und warm stellen.

Den Bratrückstand mit etwas Suppe aufgießen, etwas einkochen lassen, die kalte Butter einrühren und das Safterl damit binden.

DILLRAHMSAUCE: Die Dille in Stängel und Spitzen trennen, die Spitzen fein hacken. Die Dillstängel in der Suppe ca. 10 Minuten auskochen, dann den Sud abseihen.

Zwiebelwürferl in Butter glasig anschwitzen, Mehl beigeben und kurz mitrösten. Mit dem Dillsud aufgießen, mit einem Schneebesen gut glattrühren und 5 Minuten kochen lassen.

Sauerrahm und Obers einrühren, Dillspitzen dazugeben und sofort mixen. Mit Zitronensaft und Salz würzen.

ANRICHTEN: Die Butterschnitzerl auf vorgewärmten Tellern anrichten. Jedes Laberl mit etwas Natursafterl beträufeln und mit der fertigen Dillsauce umgießen.

MEIN TIPP

Meinen Gästen schmeckt zu Butterschnitzerln am besten Erdäpfelpüree (> S. 129), aber auch Sellerie- oder Frühlingskräuterpüree passen wunderbar – und als Vitaminstoß gibt's dazu feinen Gurken-, Paradeiser- oder Blattsalat.

Tafelspitz mit Brennnesselspinat, Erdäpfelrösti und Apfelkren

TAFELSPITZ 🍴🍴 | ⏱ 3–4 STD.
BRENNNESSELSPINAT 🍴🍴 | ⏱ 40 MIN. | RÖSTI 🍴🍴 | ⏱ 1 STD.

. . . .

TAFELSPITZ

1 Tafelspitz (ca. 2 kg,
>Tipp S. 110)
10 Pfefferkörner
1 Karotte
1 Gelbe Rübe
1 kleine ungeschälte Zwiebel
1 Petersilienwurzel
¼ Sellerieknolle
Salz

BRENNNESSELSPINAT

Ca. 1 kg Brennnesselspitzen
& -blätter
2–3 Knoblauchzehen
1 EL Butter
1 EL Mehl
2 EL Schlagobers oder
Sauerrahm
Salz

ERDÄPFELRÖSTI

Ca. 800 g speckige Erdäpfel
½ Zwiebel
Schmalz zum Rösten
Salz

APFELKREN

> *nächste Seite*

TAFELSPITZ: Eine Pfanne mit Alufolie auslegen (oder eine alte Pfanne verwenden), die ungeschälte Zwiebel der Breite nach halbieren und an den Schnittflächen sehr dunkel bräunen.

In einem großen passenden Topf ca. 3 Liter Wasser aufkochen lassen. Das Fleisch einlegen und aufkochen lassen, dabei den Schaum immer wieder abschöpfen.

Die gebräunten Zwiebelhälften sowie die Pfefferkörner beigeben und das Fleisch ca. 3–3 ½ Stunden langsam weich köcheln. Nach ca. 2 ½ Stunden das Wurzelwerk beigeben.

BRENNNESSELSPINAT: Die Brennnesseln verlesen, Brennnesselspitzen und -blätter kurz in Salzwasser blanchieren (überbrühen), herausheben und in Eiswasser abschrecken. Vom Brennnesselsud etwa 250 ml abmessen und zur Seite stellen. Brennnesselblätter abtropfen und auskühlen lassen.

Die kalten Brennnesseln cuttern, faschieren oder mit dem Pürierstab fein pürieren.

Den Knoblauch fein hacken.

In einem Topf die Butter schmelzen, mit Mehl stauben, kurz anschwitzen und mit dem Brennnesselsud aufgießen, dabei mit dem Schneebesen gut verrühren, bis eine sämige Sauce entstanden ist. Etwa 5 Minuten unter wiederholtem Rühren köcheln lassen.

Brennnesselmasse einrühren, Salz und Knoblauch beigeben und abschließend mit Obers oder Sauerrahm abrunden. Bei Bedarf nachwürzen.

ERDÄPFELRÖSTI: Die Erdäpfel kochen und erkalten lassen.

Die Zwiebelhälfte feinwürfelig schneiden, in etwas Schmalz goldgelb anrösten und wieder vom Herd nehmen.

Erdäpfel schälen und zuerst in dünne Scheiben, dann in feine Streifen schneiden oder mit einem Röstireißer (oder auf dem Reibeisen) reiben. In Schmalz unter ständigem Wenden goldbraun rösten. Geröstete Zwiebeln beigeben und salzen.

APFELKREN

Ca. 500 g Äpfel

2 EL Zitronensaft

1 TL Zucker

20 g Kren

1 Spritzer Essig

Salz

APFELKREN: Äpfel schälen, entkernen und in Spalten schneiden. Mit wenig Wasser, Zitronensaft und Zucker weich dünsten.

Die Äpfel passieren und den Kren frisch reiben. Alle Zutaten vermengen und abschmecken (evtl. noch Zucker oder Essig beifügen).

ANRICHTEN: Weich gekochtes Fleisch sowie Wurzelwerk aus der Suppe heben. Fleisch in Scheiben schneiden, das Fettranderl kann dabei ruhig mitserviert werden. Das Wurzelwerk klein schneiden.

Die Suppe bei Bedarf mit Salz abschmecken.

Den Tafelspitz auf vorgewärmten Tellern anrichten, mit dem Wurzelgemüse garnieren und nach Belieben mit etwas Rindsuppe umgießen. Mit den Beilagen anrichten oder diese in kleinen Schüsserln extra servieren.

Gekochtes Rindfleisch schmeckt nun einmal besser, wenn man es in größeren Mengen kocht. Vor allem der Tafelspitz. Kaufen Sie daher lieber einen ganzen Tafelspitz und bereiten Sie aus den Resten ein feines Tafelspitzsulzerl (> S. 12) oder klassischen Rindfleischsalat zu.
Meist wird statt Brennnesselspinat Cremespinat serviert, ein Gericht, das es bei uns zu Hause früher oft als Hauptmahlzeit gab. Dazu freuten wir uns auf Spiegeleier und Rösti.

Ein Haus mit Tradition

Ich bin stolz auf unser gewachsenes Haus mit sehr viel Geschichte. Gott sei Dank ist bei uns vieles erhalten geblieben, wurde nichts durch überstürzte Renovierungen zerstört. Glücklicherweise waren sich schon meine Eltern und Großeltern der wahren Werte bewusst …

Senfrostbrat'l mit Birnen und Nussschupfnudeln

SENFROSTBRAT'L 🍴 | ⏱ 30 MIN.
NUSSSCHUPFNUDELN 🍴🍴 | ⏱ 50 MIN.

SENFROSTBRAT'L
4 Scheiben Rostbraten
(oder Beiried)
2 reife Birnen
1 EL Zucker
1 EL Butter
125 ml Rotwein
250 ml Rindsuppe (> S. 38)
2–3 EL süßer Senf
2 EL Balsamicoessig (oder
anderer süßer Essig)
Öl zum Anbraten
Salz & Pfeffer

NUSSSCHUPFNUDELN
500 g mehlige Erdäpfel
4 EL flüssige Butter
3 Eidotter
200 g griffiges Mehl
1 EL Grieß
2 EL geriebene Walnüsse
Salz

SENFROSTBRAT'L: Fleisch gut zuputzen. Die Birnen schälen, entkernen und in Spalten schneiden.

In einer Pfanne etwas Öl erhitzen und die Rostbratenscheiben anbraten. Salzen, pfeffern, aus der Pfanne nehmen und warm stellen.

Die Birnenspalten mit Butter und Zucker karamellisieren und wieder aus der Pfanne nehmen. Den Bratrückstand mit Suppe und Rotwein ablösen und etwas einkochen lassen. Senf einrühren, Balsamicoessig zugießen und nachwürzen.

Das Fleisch wieder in den Saft legen, die Birnenspalten darüber verteilen und alles nochmals kurz köcheln lassen.

NUSSSCHUPFNUDELN: Erdäpfel schälen und in Salzwasser weich kochen. Abseihen und ausdampfen lassen. Dann durch eine Erdäpfelpresse drücken. Mit der Hälfte der flüssigen Butter, Eidottern, Mehl, Grieß und einer Prise Salz zu einem geschmeidigen Teig verarbeiten.

Den Teig zu Rollen formen, mit der Teigkarte kleine Stückerl herunterstechen und zu fingerförmigen Nudeln wälzen.

In einem großen Topf Salzwasser aufkochen, Nudeln einlegen und ca. 5 Minuten kochen.

Die geriebenen Nüsse in der restlichen Butter leicht anrösten und salzen. Schupfnudeln abseihen, in der Nussbutter schwenken und nachsalzen.

ANRICHTEN: Schupfnudeln mit dem Senfrostbrat'l und den Birnen appetitlich anrichten.

MEIN TIPP

Schupfnudeln gehören zur bodenständigen Küche einfach dazu – als Beilage zu pikanten Gerichten oder als verführerische süße Nachspeise. Dieses Grundrezept lässt sich ganz wunderbar abwandeln, indem die Nudeln etwa in Bröselbutter geschwenkt oder mit Speck, Mohn oder Kräutern verfeinert werden. Bei uns gab es Schupfnudeln früher vor allem für uns Kinder als süße Bröselnudeln mit Zwetschkenkompott als Hauptspeise.

Hausgulasch

 1¾–2 STD.

Das Fleisch in Würfel schneiden (oder bereits vom Fleischhauer vorschneiden lassen).

Die Zwiebeln klein schneiden und möglichst langsam in Fett anschwitzen.

Den Knoblauch schneiden und mit dem Paprikapulver beigeben, kurz mitrösten und dann mit der Suppe aufgießen.

Die Fleischwürfel einmengen, kräftig mit Majoran, Thymian, Kümmel, Salz und Pfeffer würzen und bei mittlerer Hitze zugedeckt ca. 1½ Stunden weich dünsten.

Gulasch nochmals abschmecken und bei Bedarf mit etwas mit Wasser angerührtem Mehl oder einem roh geriebenen Erdapfel binden.

1 kg Wadschunken (oder anderes Rindfleisch zum Dünsten)
1 kg Zwiebeln
4 EL Schmalz oder Kernfett
5 Knoblauchzehen
5 EL Paprikapulver
Ca. 1 l Suppe (> S. 38) oder Wasser zum Aufgießen
1 EL Majoran
1 EL Thymian
1 TL gestoßener Kümmel
Evtl. Mehl oder 1 roher Erdapfel
Salz & Pfeffer

 MEIN TIPP

Mit einem reschen Semmerl oder frischem Schwarzbrot den herrlichen Gulaschsaft aufzutunken, ist ein köstliches Vergnügen, aber auch Salzerdäpfel oder Nockerl (> S. 57) passen als Beilage ganz hervorragend zum Gulasch.

Knuspriger Surbauch mit süß-saurem Kürbiskraut und Blunz'ntascherln

SURBAUCH 🍴 | ⏱ 1¼ STD.

KÜRBISKRAUT 🍴 | ⏱ 1 STD. | **BLUNZ'NTASCHERL** 🍴🍴 | ⏱ 1 STD.

....

KNUSPRIGER SURBAUCH

Ca. 1 kg roher Surbauch mit Schwarterl (gesurtes Bauchfleisch)

Ca. 1 l Wasser

250 ml Weißwein

1 Schuss Weinessig

1 TL Kümmel

1 Lorbeerblatt

3 Wacholderbeeren

Schmalz zum Braten

SÜSS-SAURES KÜRBISKRAUT

1 Krautkopf

Ca. 400 g Muskat- oder Hokkaidokürbisfleisch

1 Zwiebel

2 EL Öl oder Schmalz

4 EL brauner Zucker

250 ml Weißwein

125 ml Weißweinessig

250 ml Wasser

1 TL Kümmel

Salz & Pfeffer

Evtl. 1 roher Erdapfel zum Binden

BLUNZ'NTASCHERL

> *nächste Seite*

KNUSPRIGER SURBAUCH: Wasser, Wein, Essig und Gewürze in einen Topf geben und aufkochen lassen. Das Fleisch einlegen und ca. ¾ Stunden langsam weich köcheln lassen.

Fleisch herausnehmen und die Schwarte rautenförmig, aber nicht zu tief einschneiden. Fleisch auskühlen lassen.

Surbauch in ca. 1 cm dicke Scheiben schneiden. In einer Pfanne Schmalz erhitzen und die Fleischstücke zuerst mit einer Fleischgabel mit der Schwartlseite nach unten in das heiße Öl halten, damit die Schwartln schön knusprig werden. Dann Fleisch beidseitig goldgelb anbraten. Herausheben und warm halten.

Überschüssiges Fett abgießen, mit ein bisserl Kochwasser aufgießen und den Saft etwas einreduzieren.

SÜSS-SAURES KÜRBISKRAUT: Den Krautkopf zuputzen, halbieren, den Strunk herausschneiden und in feine Streifen schneiden oder hobeln. Den Kürbis je nach Bedarf und Sorte schälen und ebenfalls in Streifen schneiden.

Die Zwiebel fein schneiden und in Öl oder Schmalz andünsten. Zucker einstreuen, karamellisieren und mit Weißwein, Essig sowie Wasser ablöschen.

Kümmel einrühren, Kraut zugeben und ca. ½ Stunde weich dünsten. Dann Kürbisstreifen beimengen und nochmals ca. 15 Minuten dünsten lassen.

Salzen, pfeffern und nach Belieben mit etwas Essig und evtl. auch Zucker nachwürzen. Bei Bedarf einen rohen Erdapfel reiben und das Kraut damit binden.

BLUNZ'NTASCHERL
Erdäpfelteig (> S. 152)
Ca. 300 g Blutwurst
1 EL Zwiebelwürfel
1 Msp. Majoran
Salz
Schmalz zum Herausbacken

BLUNZ'NTASCHERL: Den Erdäpfelteig wie beschrieben vorbereiten.

Blutwurst aus der Haut lösen und einige Male grob durchschneiden.

Die Zwiebelwürfel in etwas heißem Schmalz anschwitzen, Blutwurst hinzufügen und alles gut durchrösten. Mit Majoran sowie Salz würzen und auskühlen lassen.

Erdäpfelteig dünn ausrollen und ca. 10 cm große Kreise ausstechen. Blutwurstfülle darauf verteilen, zu Halbmonden falten und die Enden fest zusammendrücken.

In heißem Schmalz schwimmend knusprig herausbacken.

ANRICHTEN: Kürbiskraut auf Teller verteilen, den knusprigen Surbauch daraufsetzen und die Blunz'ntascherl daneben anrichten. Evtl. mit etwas Bratensaft beträufeln.

Bodenständiger geht's wohl kaum, doch eine Prise Curry und einige Ananas-würferl im Kürbiskraut zaubern einen Hauch Exotik in dieses Gericht, der ab und zu durchaus reizvoll sein kann.
Statt Zucker können auch Honig und Ahornsirup für feines Aroma sorgen.

Schweinsbrat'l mit Erdäpfelknödeln und warmem Speck-Kraut-Salat

SCHWEINSBRAT'L 🍴 | ⏱ 2 ½ STD. BRATEN + 25 MIN. RASTEN LASSEN
ERDÄPFELKNÖDEL 🍴 | ⏱ 50 MIN. | **SPECK-KRAUT-SALAT** 🍴 | ⏱ 30 MIN.

SCHWEINSBRAT'L: Wasser ca. 4 cm hoch in eine passende Bratenform eingießen. Salz sowie etwas Kümmel beigeben, das Fleisch mit Schwarte nach unten einlegen und ca. 15–20 Minuten kochen lassen. (So lässt sich die Schwarte leichter schröpfen.)

Das Fleisch aus dem Wasser heben, den Sud zum Aufgießen aufheben. Die Schwarte mit einem scharfen Messer in ca. 1 cm großen Abständen der Breite nach (oder rautenförmig) einschneiden, aber dabei nicht ins Fleisch schneiden (trocknet sonst aus!).

Die Bratenform mit Schmalz ausstreichen und die gehackten Knochen darin verteilen. Den Knoblauch pressen und das Fleisch damit sowie mit Salz und Kümmel fest einreiben.

Braten mit der Schwartlseite nach unten auf die Knochen in die Pfanne legen und im auf 220 °C vorgeheizten Backrohr ca. 20 Minuten anbraten. Fleisch wenden, die Temperatur auf 180 °C reduzieren und den Braten ca. 1 ½ Stunden fertig braten. Währenddessen wiederholt mit dem zur Seite gestellten Sud und dem ausgetretenen Bratenfett übergießen.

Das fertige Brat'l aus der Pfanne nehmen und im Backrohr bei 60 °C ca. 25 Minuten rasten lassen.

Überschüssiges Fett aus der Pfanne abgießen, den Bratrückstand nochmals aufgießen und kräftig einkochen lassen. Bratensaft abseihen und nochmals abschmecken.

ERDÄPFELKNÖDEL: Erdäpfel weich kochen und noch heiß schälen. Durch eine Erdäpfelpresse drücken und mit Grieß, Mehl, Dotter und einer Prise Salz zu einem glatten Teig verarbeiten.

Aus dem Teig Knöderl formen und in einem Topf mit siedendem Salzwasser ca. 20 Minuten leicht siedend kochen. Herausheben und abtropfen lassen.

SCHWEINSBRAT'L

Ca. 1 ½ kg ausgelöstes Bauchfleisch mit Schwarte
1 EL ganzer Kümmel
4 EL Schmalz
150 g gehackte Schweinsknochen
6 Knoblauchzehen
Salz

ERDÄPFELKNÖDEL

500 g mehlige Erdäpfel
1 EL Weizengrieß
220 g griffiges Mehl
1 Eidotter
Salz

SPECK-KRAUT-SALAT

> *nächste Seite*

SPECK-KRAUT-SALAT: Vom Krautkopf die groben Außenblätter und den Strunk entfernen, dann fein hobeln oder in feine Streifen schneiden. Kräftig einsalzen.

In einem Topf Suppe oder Wasser mit Essig, Kümmel und Zucker aufkochen. Das Kraut beigeben und zugedeckt ca. 6 Minuten köcheln lassen. Vom Herd nehmen und überschüssige Flüssigkeit abgießen.

Speck kleinwürfelig schneiden und in Schmalz langsam goldbraun „auslassen" (braten, bis er schön knusprig geworden ist). Speckwürfel mitsamt dem Fett über den Krautsalat verteilen.

ANRICHTEN: Brat'l in Scheiben schneiden. Gemeinsam mit einem Knödel und einem großen Löffel Speck-Kraut-Salat auf einem vorgewärmten Teller anrichten und mit Bratensaft beträufeln. Alternativ Bratenscheiben, Knödel und Kraut in einer großen Bratpfanne appetitlich anrichten und so servieren.

SPECK-KRAUT-SALAT

1 kleinerer Krautkopf
250 ml Suppe (> S. 38)
oder Wasser
3 EL Weinessig
1 TL ganzer Kümmel
1 TL Zucker
100 g Selchspeck
1 EL Schmalz
Salz

MEIN TIPP

Schweinsbraten ohne Knödel geht gar nicht, zumindest nicht bei mir und meinen Gästen. Die Erdäpfelknödel dazu mache ich am liebsten aus diesem schnellen Erdäpfelteig, der sich auch bestens für Teigtascherl oder Obstknöderl eignet (> S. 152). Ein Multitalent quasi ...

Wurzelfleisch
mit frisch gerissenem Kren

 1 ½ STD.

WURZELFLEISCH

Ca. 1 kg Schweinefleisch
(Schulter- oder Bauchfleisch)

Ca. 400 g Wurzelwerk (Gelbe
Rüben, Karotten, Sellerie)

5 Salbeiblätter

1 Zwiebel

2 Lorbeerblätter

1 TL Majoran

1 TL Thymian

8 Pfefferkörner

3 Wacholderbeeren

1 Spritzer Essig

Salz

ANRICHTEN

Frisch gerissener Kren
Gehackte Petersilie

WURZELFLEISCH: Das Wurzelwerk putzen und in Streifen schneiden (Julienne oder etwas dicker). Die Salbeiblätter hacken, die Zwiebel schälen und in Ringe schneiden.

Das Fleisch in grobe Würfel schneiden und in ca. 750 ml Wasser aufkochen lassen. Die Gewürze zugeben und das Fleisch ca. 50 Minuten fast weich kochen.

Erst dann das Wurzelwerk, die Zwiebelringe, etwas Essig sowie Salz beigeben und bei Bedarf mit ein bisschen Wasser aufgießen. Weitere ca. 30 Minuten köcheln lassen, bis das Wurzelwerk bissfest gekocht ist.

ANRICHTEN: Das Wurzelfleisch auf Tellern anrichten und mit frisch geriebenem Kren sowie Petersilie bestreuen.

Wurzelfleisch zählte früher zu den Standards der Hausmannskost und wird heute noch von meinen Gästen gerne bestellt. Ich serviere dazu meistens feine mehlige Salzerdäpfel oder eine dicke Scheibe gutes Hausbrot.
Statt Schulter- oder Bauchfleisch eignet sich auch ausgelöste Stelze mit Schwarterl für dieses Gericht.

Krautfleisch

 | 🕐 1 ½ STD.

KRAUTFLEISCH: Das Fleisch in kleine, mundgerechte Würfel schneiden.

Die Zwiebel sowie den Speck feinwürfelig schneiden und in heißem Schmalz goldgelb anrösten.

Knoblauch fein hacken, zugeben und das Fleisch einmengen. Alles kurz durchrühren.

Paradeismark hinzufügen, mit Paprikapulver stauben und mit Weißwein sowie etwas Suppe aufgießen. Kümmel und Lorbeer beigeben, salzen, pfeffern und alles zugedeckt ca. ½ Stunde bei kleiner Hitze köcheln lassen.

Die Paprikaschote entkernen, in dünne Streifen schneiden und mit dem Sauerkraut hinzufügen, nochmals ca. ½ Stunde dünsten lassen.

FERTIGSTELLEN: Die Klobassen in Scheiben schneiden und in etwas Schmalz kurz von beiden Seiten braten.

Nach Belieben die Pfefferonischote in feine Streifen schneiden, davor evtl. die Kerne entfernen. Unter das Krautfleisch mischen und dieses abschmecken.

Klobassenscheiben auf dem Krautfleisch anrichten. Mit einigen Tupfern Sauerrahm garnieren.

KRAUTFLEISCH

800 g Schweinsschulter
1 kg gewässertes Sauerkraut
1 Zwiebel
100 g Speck
2 EL Schmalz
3 Knoblauchzehen
1 EL Paradeismark
2 EL Paprikapulver
250 ml Weißwein
500 ml Suppe (> S. 38)
1 Prise Kümmel
1 Lorbeerblatt
1 rote Paprikaschote
Evtl. 1 kleine mittelscharfe
Pfefferonischote

FERTIGSTELLEN

2 Klobassen
(oder Burenwurst)
Etwas Schmalz
Ca. 125 g Sauerrahm
(½ Becher)
Salz & Pfeffer

 MEIN TIPP

Gerät das Krautfleisch einmal zu flüssig, dann empfehle ich einen ganz simplen Trick: Einen rohen Erdapfel auf einem Reibeisen reiben oder reißen, einrühren und die Flüssigkeit damit binden.
Die Klobassen können im Übrigen auch nach dem Schneiden direkt unter das Krautfleisch gemischt werden.

Stephaniebraten mit Kohlgemüse

STEPHANIEBRATEN 🍴 | ⏱ 1¼–1½ STD.
KOHLGEMÜSE 🍴 | ⏱ 30 MIN.

....

STEPHANIEBRATEN

Ca. 800 g gemischtes
Faschiertes (halb Rind, halb
Schwein)

1 Schweinsnetz (> Tipp)

2 altbackene Semmeln

2 Knoblauchzehen

1 Zwiebel

1 Ei

1 EL Majoran

1 EL gehackte Petersilie

3–4 hartgekochte Eier

3–4 Essiggurkerl

Ca. 1 EL Mehl

Suppe (> S. 38) oder Wasser

Salz & Pfeffer

Öl oder Fett

> *Foto: Auch Erdäpfelpüree
passt hier hervorragend!*
(> S. 129)

STEPHANIEBRATEN: Das Schweinsnetz wässern, die Semmeln in etwas Wasser einweichen.

Den Knoblauch fein hacken, die Zwiebel in kleine Würfel schneiden und beides in etwa 1 Esslöffel Fett anschwitzen. Vom Herd nehmen und erkalten lassen.

Die Semmeln ausdrücken und mit Faschiertem, Ei, Salz, Pfeffer, Majoran, Petersilie sowie der Knoblauch-Zwiebel-Mischung vermengen.

Das Schweinsnetz ausbreiten, das Faschierte in Form eines länglichen Weckens daraufsetzen und in der Mitte der Länge nach mit der Handkante eine Vertiefung eindrücken. Von den Eiern die Kappen wegschneiden, gemeinsam mit den Essiggurkerln in die Vertiefung legen. Mit leicht mit Wasser benetzten Händen das Faschierte so zusammenklappen, dass Eier und Gurkerl schön bedeckt sind. Dann den Braten ins Schweinsnetz einschlagen.

Eine Bratenpfanne mit Fett ausstreichen, den Stephaniebraten hineinsetzen und im vorgeheizten Backrohr bei 190 °C rund 50 Minuten braten. Währenddessen den Braten immer wieder mit dem austretenden Fett bestreichen.

Den fertigen Braten aus der Pfanne heben und das überschüssige Fett abgießen. Den Bratrückstand mit Mehl stauben und mit etwas Suppe oder Wasser aufgießen. Sauce einkochen lassen.

KOHLGEMÜSE > *nächste Seite*

KOHLGEMÜSE

1 Kohlkopf

2 Knoblauchzehen

1 EL Butter

2 EL Zwiebelwürferl

2 EL Frühstücksspeckwürferl

1 EL Mehl

250 ml Rindsuppe

Salz & Pfeffer

Eiswasser zum Abschrecken

KOHLGEMÜSE: Den Kohlkopf zuputzen, halbieren und den Strunk herausschneiden. Dann den Kohl in feine Streifen schneiden.

In einem Topf Salzwasser aufkochen, Kohl zugeben und knackig kochen. Abseihen und mit Eiswasser kalt abschrecken. Abtropfen lassen.

Knoblauch fein schneiden. In einer Pfanne Butter erhitzen, Speck- und Zwiebelwürfel beigeben, mit Mehl stauben und kurz durchrühren. Mit Suppe aufgießen, Knoblauch zugeben und den Kohl untermischen. Nochmals kurz aufkochen und mit Salz und Pfeffer würzen.

ANRICHTEN: Den Stephaniebraten in Scheiben schneiden. Etwas Bratensauce auf die Teller gießen, die Bratenscheiben darauf anrichten und gemeinsam mit dem Kohlgemüse auftragen.

Das Schweinsnetz bestellen Sie am besten beim Fleischhauer vor.
Wie zu vielen Gerichten aus Faschiertem passt auch zum Stephaniebraten flaumiges Erdäpfelpüree sehr gut (> S. 129). Und natürlich kann dazu je nach Saison frisches Gemüse gereicht werden.

Faschierte Laberl mit Erdäpfelpüree

FASCHIERTE LABERL ❢ | ⏱ 30–40 MIN.
ERDÄPFELPÜREE ❢ | ⏱ 25 MIN.

FASCHIERTE LABERL: Die Semmeln in Wasser einweichen.

Die Zwiebel fein schneiden, in etwas Butter hell anrösten und wieder vom Herd nehmen.

Das Faschierte in einer Schüssel mit den ausgedrückten Semmeln, den geschnittenen Zwiebeln, dem Ei und den Kräutern vermengen. Nicht zu zaghaft mit Salz und Pfeffer abschmecken. Bei Bedarf mit Semmelbröseln festigen.

Aus der Masse kleine Laberl (Laibchen) formen.

In einer Pfanne etwas Fett erhitzen und die Laberl beidseitig langsam goldgelb braten.

ERDÄPFELPÜREE: Die Erdäpfel schälen, vierteln und in reichlich Salzwasser ca. 20 Minuten weich kochen.

Die Milch mit der Butter leicht erwärmen und die Erdäpfel durch die Erdäpfelpresse direkt hineindrücken. Mit geriebener Muskatnuss und Salz würzen. Das Püree zügig, aber kurz durchrühren.

ANRICHTEN: Die Zwiebel in dünne Ringe schneiden. In Mehl wenden und in heißem Fett knusprig backen. Herausheben und auf Küchenrolle abtropfen lassen.

Faschierte Laibchen und Erdäpfelpüree auf einem vorgewärmten Teller anrichten und mit den knusprigen Zwiebelringen garnieren.

FASCHIERTE LABERL

1 kg gemischtes Faschiertes (halb Schwein, halb Rind)
2 altbackene Semmeln
1 kleine Zwiebel
1 EL Butter
1 Ei
1 EL gehackte Petersilie
½ TL Majoran
Evtl. etwas Semmelbrösel
Salz & Pfeffer
Fett zum Herausbacken

ERDÄPFELPÜREE

1 kg Erdäpfel
Ca. 300 ml Milch
4 EL Butter
Muskatnuss
Salz

ANRICHTEN

1 kleine Zwiebel
Mehl
Fett zum Herausbacken

Gehackte Schweinshaxerl, im Netz gebraten, mit Kohlrabigemüse

SCHWEINSHAXERL 🍴 | ⏱ 1 ½ STD.
KOHLRABIGEMÜSE 🍴 | ⏱ 30 MIN.

GEHACKTE SCHWEINSHAXERL: Das Stelzenfleisch mit der Schwarte in heißem Wasser aufstellen. Lorbeerblatt, Pfefferkörner, Wacholder sowie Salz zugeben und alles ca. 1 Stunde weich kochen.

Fleisch herausheben und fein hacken, Sud abseihen und zur Seite stellen. Lorbeerblatt fein schneiden. Gehacktes Fleisch mit dem Faschierten vermengen und mit Salbei, Majoran, Pfeffer sowie etwas Zitronenschale würzen. Aus der Masse kleine Laberl formen.

Das Schweinsnetz auflegen und in rechteckige Stücke schneiden. Je ein Laberl auf das Netz legen und gut einwickeln. In einer Pfanne etwas Öl erhitzen und die Laberl langsam auf beiden Seiten je ca. 2 Minuten braten. Aus der Pfanne geben und warm stellen.

Überschüssiges Öl abgießen und den Bratenrückstand mit etwas Haxerlsud aufgießen. Einkochen lassen.

KOHLRABIGEMÜSE: Kohlrabi schälen, ggf. holzige Stellen wegschneiden, halbieren und in dünne Scheiben schneiden. In kochendem Salzwasser bissfest kochen, abseihen und den Sud aufheben.

Kohlrabiblätter fein schneiden. Butter erhitzen und die Zwiebelwürfel darin glasig anschwitzen. Mit Mehl stauben, mit etwas Kohlrabiwasser aufgießen und mit dem Schneebesen ständig rühren, damit sich keine Klümpchen bilden.

Kohlrabiblätter und -scheiben beigeben. Sauerrahm einrühren, abschmecken.

ANRICHTEN: Das Kohlrabigemüse auf Teller verteilen, die Laberl daraufsetzen und mit Saft beträufeln.

GEHACKTE SCHWEINSHAXERL

2 ausgelöste vordere Schweinsstelzen samt Schwarte (vom Fleischhauer auslösen lassen)
Ca. 400 g faschiertes Schweinefleisch
1 Schweinsnetz (> Tipp S. 128)
1 Lorbeerblatt
5 Pfefferkörner
2 Wacholderbeeren
4 Salbeiblätter
1 TL getrockneter Majoran
Geriebene Schale von 1 Zitrone
Salz & Pfeffer
Etwas Öl zum Braten

KOHLRABIGEMÜSE

Ca. 600 g Kohlrabi
Kohlrabiblätter
1 TL Butter
2 EL Zwiebelwürfel
1 TL Mehl
1 EL Sauerrahm
Salz

MEIN TIPP

Möglicherweise haben mich die in der Wachau sehr beliebten Saumaisen (> S. 132) zu diesem Gericht inspiriert, das vielleicht komplizierter klingt, als es tatsächlich ist. Statt Kohlrabi passt natürlich auch (fast) jedes andere Gemüse dazu – und das Beste daran: Die Laberl schmecken kalt herrlich!

Bauernschmaus

BEI FERTIGEN KNÖDELN UND BRATENSTÜCKEN
SELCHFLEISCH & SAUMAISEN ⏱ 1 STD.
SAUERKRAUT ⏱ 50 MIN.

SELCHFLEISCH & SAUMAISEN

500 g Selchfleisch
2–3 Saumaisen (> Tipp)
1–2 Lorbeerblätter
2 Pfefferkörner

SAUERKRAUT

Ca. 500 g Sauerkraut
½ Zwiebel
1 EL Schmalz
1 Msp. ganzer Kümmel
Etwas Selchsud oder Wasser
1 kleiner Erdapfel
Etwas Salz

FERTIGSTELLEN

500 g fertig gebratenes
Schweinsbrat'l
4 gekochte Erdäpfelknöderl
(> S. 119)
4 gekochte Semmelknöderl
(> S. 105)
Schweinsbratensaft

SELCHFLEISCH & SAUMAISEN: In einem Topf ca. 1 Liter Wasser mit Lorbeerblättern und Pfefferkörnern zum Kochen bringen. Selchfleisch einlegen und ca. 1 Stunde weich kochen. Etwa 10 Minuten vor Garzeitende die Saumaisen dazugeben.

SAUERKRAUT: Sauerkraut mit kaltem Wasser waschen (damit es nicht zu intensiv schmeckt) und abtropfen lassen.

Die Zwiebelhälfte fein hacken und in Schmalz andünsten. Kraut zugeben, mit Kümmel würzen, etwas Selchsud beigeben und ca. 45 Minuten weich dünsten. Bei Bedarf mit etwas Wasser oder Selchsud aufgießen.

Gegen Ende hin den Erdapfel auf einem Reibeisen reiben oder reißen und das Sauerkraut damit binden. Nochmals salzen.

FERTIGSTELLEN: So Schweinsbrat'l und Knödel nicht frisch zubereitet werden, das Schweinsbrat'l im Backrohr oder in der Pfanne, die Knödel über Dampf erhitzen.

Das Sauerkraut auf vorgewärmte Teller setzen, je eine Scheibe Schweinsbrat'l und Selchfleisch sowie je ein Semmel- und Erdäpfelknöderl darauf anrichten.

Die Saumaisen aufschneiden und zum Schluss darüberlegen. Mit etwas Schweinsbratensaft beträufeln und auftragen.

MEIN TIPP

Die harte Arbeit machte früher die Bauern so hungrig, dass sie diese doch recht deftige Speise ohne Problem essen konnten. Meinen Gästen empfehle ich für die Verdauung danach ein feines Nussschnapserl und einen ausgiebigen Spaziergang durch die Weinberge. Das hilft!
Statt der Saumaise passt auch ein Bratwürsterl dazu, statt den Erdäpfel- und Semmelknöderln eignen sich zudem kleine Grammel- und Selchfleischknöderl (> S. 76) als Beilage. Eine feine Sache – aber noch um ein Quäntchen üppiger …

Am Sonntagstisch

Festlich speisen kann man auch am Dienstag oder Mittwoch, doch das gemeinsame Essen am Sonntag ist etwas ganz Besonderes. Man sitzt in netter Gesellschaft beisammen, plaudert und vergisst für ein paar Stunden die Sorgen des Alltags. Die Speisekarte lockt mit sonntäglichen Gerichten wie etwa gefüllter Kalbsbrust oder knusprigem Brathenderl. Und danach muss es natürlich eine ordentliche Mehlspeis' geben, denn es ist ja Sonntag ...

Rahmnierndln
mit Grammeltascherln

RAHMNIERNDLN 🍴 | ⏱ 45 MIN.
GRAMMELTASCHERL 🍴 | ⏱ 60–70 MIN.

RAHMNIERNDLN

4 Schweinsnierndln

6 dünne Speckscheiben

1 kleine Zwiebel

1 TL Schmalz

1 EL Mehl

60–70 ml Suppe (> S. 38)

60–70 ml Weißwein

½ TL Majoran

125 g Sauerrahm

Salz & Pfeffer

GRAMMELTASCHERL

500 g mehlige Erdäpfel

1 Eidotter

220 g griffiges Mehl

1 EL Weizengrieß

100 g Grammeln

1 EL Zwiebelwürferl

1 TL Schmalz

1 Knoblauchzehe

1 TL Majoran

1 TL Petersilie

Salz & Pfeffer

Evtl. Öl zum Herausbacken

RAHMNIERNDLN: Die Nierndln gut wässern, sauber zuputzen (die Harnstränge entfernen) und in dünne Scheiben schneiden.

Den Speck und die Zwiebel in feine Würferl schneiden und beides langsam in wenig Schmalz anrösten. Die Nierndln dazugeben und kurz mitrösten. Mit Mehl stauben, mit Suppe sowie Weißwein aufgießen und kurz aufkochen lassen. Kräftig mit Majoran, Salz und Pfeffer würzen.

Die Nierndln aus der Sauce heben und warm stellen. Die Sauce mit Sauerrahm binden und nochmals kurz einkochen lassen. Abschmecken und die Nierndln wieder zugeben.

GRAMMELTASCHERL: Erdäpfel kochen, noch heiß schälen und durch eine Erdäpfelpresse drücken. Mit Eidotter, Mehl, Grieß und einer Prise Salz zu einem Teig verarbeiten. Eine Kugel formen und zur Seite geben.

Die Grammeln klein hacken oder fein wiegen. Die Zwiebelwürfel in wenig Schmalz anschwitzen, die Grammeln zugeben und ebenfalls anrösten. Das überschüssige Fett etwas ausdrücken und abgießen. Grammelmasse mit der gepressten Knoblauchzehe, Majoran, Petersilie, Salz und Pfeffer würzen. Vom Herd nehmen und überkühlen lassen.

Den Erdäpfelteig ungefähr 5 mm dick ausrollen und ca. 8 cm große Scheiben ausstechen. Jeweils etwas Grammelmasse auftragen, zu einem Halbmond zusammenschlagen und die Teigränder gut festdrücken.

Die Grammeltascherl wahlweise in heißem Fett goldgelb herausbacken oder in Salzwasser ca. 8 Minuten kochen.

ANRICHTEN: Die Rahmnierndln in einem tiefen Teller anrichten, die Grammeltascherl darauf platzieren. Evtl. mit gebratenen Zwiebelringen (> S. 129) garnieren.

MEIN TIPP

Statt Grammeltascherl passen auch ganz einfache Salzerdäpfel gut dazu. Wer dennoch bei den Tascherln bleibt, könnte gleich mehr davon vorbereiten und diese bei anderer Gelegenheit als Hauptgericht servieren. In diesem Fall empfehle ich, die Tascherl nicht in Wasser zu kochen, sondern in Fett knusprig zu braten. Was dazu passt? Dillfisolen oder anderes Rahmgemüse und knackiger Blattsalat.

Leber
mit Majoransaft'l

🍴 | ⏱ 20–30 MIN.

Die Zwiebelhälfte in kleine Würferl schneiden. Die Leber gut zuputzen und in feine Blätter schneiden.

In einer Pfanne Schmalz erhitzen und die Zwiebelwürfel darin goldgelb anrösten.

Die Leberscheiben zugeben und mitrösten. Mit Majoran und Pfeffer würzen, mit Mehl stauben und je nach gewünschter Saucenmenge mit etwas Suppe oder Wasser aufgießen. Leber herausheben und warm stellen – sie darf nicht zu lange gegart werden, damit sie innen noch rosa bleibt.

Den zurückgebliebenen Saft mit Salz und einem Schuss Essig abschmecken und auf die gewünschte Konsistenz einkochen lassen.

Die Leber nochmals in die Pfanne geben und kurz im heißen Saft schwenken.

Leber mit dem Majoransaft'l auf vorgewärmten Tellern anrichten.

Ca. 750 g Schweinsleber
(> Tipp)
½ Zwiebel
1 TL Schmalz
1 TL Majoran
1 TL Mehl
Etwas Suppe (> S. 38)
oder Wasser
1 Schuss Essig
Salz & Pfeffer

MEIN TIPP

Wie in früheren Zeiten verwende ich für dieses Gericht am liebsten Schweinsleber. Wenn diese wirklich nur kurz, also rosa, gegart wird, ist sie butterweich und schmeckt einfach herrlich. Aber natürlich kann man auch auf die teurere Kalbsleber ausweichen, sogar Hühnerleber lässt sich auf diese Weise zubereiten. Dazu reiche ich einfach gekochte Erdapfel, die das g'schmackige Majoransaft'l besonders gut aufnehmen, aber auch Erdäpfelpüree (> S. 129) eignet sich ganz vorzüglich als Beilage.

Gefülltes Brathenderl

🍴 | ⏱ 1 ½ STD.

BRATHENDERL
1 größeres Henderl mit Innereien
1 Prise Muskatnuss
Etwas Öl zum Bestreichen
Etwas Wasser oder Suppe (> S. 38)
Salz & Pfeffer

FÜLLE
1 EL Butter
170 g Semmelwürfel
2 Eier
1 Eidotter
60–70 ml Schlagobers
60–70 ml Sauerrahm
Salz & Pfeffer

SAUCE
1 EL Butter
1 EL Mehl
Etwas Suppe

FÜLLE: Herz und Leber klein schneiden. Butter schmelzen lassen und die Innereien darin anschwitzen. Wieder vom Herd nehmen.

Semmelwürfel mit Eiern, Dotter, Schlagobers und Rahm vermengen. Kräftig würzen. Innereien beigeben und Füllmasse etwas rasten lassen.

BRATHENDERL: Das Henderl unter kaltem Wasser waschen, trocken tupfen, innen wie außen salzen und pfeffern. Den Großteil der Fülle in den Bauchraum geben, den Rest behutsam zwischen Brusthaut und Fleisch füllen. Die Öffnung mit Zwirn vernähen und das Henderl nach Wunsch mit Küchenspagat in Form binden, damit die Haxerl schön dicht am Körper bleiben.

Etwas Muskatnuss mit Öl vermengen und das Henderl damit bestreichen.

In eine Bratenform etwas Wasser oder Suppe gießen und das Henderl mit der Brustseite nach unten einlegen. Im vorgeheizten Backrohr bei 200 °C ca. 80 Minuten braten, dabei die Temperatur nach 20 Minuten auf 170 °C reduzieren. Wiederholt mit Bratensaft übergießen, nach der Hälfte der Bratzeit wenden und evtl. etwas Suppe oder Wasser nachgießen. Fertig gebratenes Henderl herausheben und kurz rasten lassen.

FERTIGSTELLEN: Für die Sauce im Bratensatz Butter zergehen lassen und diesen dabei gut lösen. Mit Mehl stauben und mit Suppe oder Wasser aufgießen. Kräftig einkochen lassen.

Henderl tranchieren und die Fülle in Scheiben schneiden. Anrichten und mit Sauce beträufeln.

MEIN TIPP

Als Beilage passt am besten Bummerlsalat mit klassischer Marinade (> S. 58), aber auch saisonales Gemüse, etwa die momentan sehr beliebten Chioggia-Rüben (> Foto).

Gebratener Fasan mit Linsen

FASAN | 🕐 50 MIN.
LINSEN | 🕐 AM VORTAG EINWEICHEN + 40 MIN. | 👤 2–3

GEBRATENER FASAN: Fasan waschen, trocken tupfen und mit Salz sowie Pfeffer kräftig würzen. Mit Speck umwickeln (bei Bedarf mit Küchengarn oder Zwirn fixieren).

Eine Pfanne mit Fett ausstreichen, den Fasan mit dem Rücken nach unten einlegen und im gut vorgeheizten Backrohr bei 220 °C braten. Währenddessen immer wieder mit dem ausgetretenen Fett übergießen. Nach ca. 30 Minuten die Temperatur auf ca. 230 °C erhöhen und Umluft zuschalten. Etwa weitere 5 Minuten fertig braten.

Fasan aus der Pfanne heben und warm stellen. Fett aus der Pfanne gießen, den Bratrückstand mit wenig Mehl stauben, mit etwas Wasser oder Suppe aufgießen und den Saft gut einkochen lassen. Dann abseihen und mit Rotwein, Salz, Pfeffer und Hagebuttenmarmelade verfeinern.

LINSEN: Linsen rechtzeitig einweichen (am besten am Vorabend). Dann in frischem Wasser aufsetzen, Lorbeerblätter und Essig zugeben und die Linsen ca. 20 Minuten weich kochen. Abseihen und den Sud evtl. aufbewahren.

Zwiebel und Speck in feine Würfel schneiden und in Schmalz anrösten. Mit Mehl stauben und etwas braun werden lassen, dabei immer rühren, damit sich nichts anlegt.

Einbrenn mit Thymian und Majoran würzen, mit Suppe oder Linsensud aufgießen und zu einer sämigen Masse verköcheln. Wiederholt umrühren. Mit Salz, Pfeffer und etwas Essig würzen. Linsen zugeben, nochmals kurz aufkochen lassen und evtl. nachwürzen.

ANRICHTEN: Fasan vom Speck befreien und tranchieren. Auf den Linsen anrichten, evtl. mit gebratenem Speck garnieren.

GEBRATENER FASAN

1 küchenfertiger Fasan
Dünne Speckscheiben
2 EL Öl oder Butterschmalz
½ TL Mehl
Wasser oder Suppe
(> S. 38)
1 Schuss Rotwein
Hagebuttenmarmelade
Salz & Pfeffer

LINSEN

300 g Linsen
2 Lorbeerblätter
1 Schuss Weißweinessig
½ Zwiebel
4 Scheiben Speck
1 EL Schmalz
1 EL Mehl
Thymian
Majoran
500 ml Suppe oder
Linsenkochsud
Salz & Pfeffer

Wer die doch etwas sehnigen Haxerl des Fasans nicht so schätzt, wird mit ausgelösten Fasanenbrüstchen vermutlich besser beraten sein. Auch diese werden in Speck gewickelt, aber freilich kürzer und am besten gleich in der Pfanne à la minute gebraten.

Ente in Orangensoßerl
mit Maroniknöderln und Apfelrotkraut

ENTE ᵀᵀ | ⏱ CA. 2 STD. | MARONIKNÖDERL ᵀᵀ | ⏱ 30 MIN.
APFELROTKRAUT ᵀᵀ | ⏱ 50 MIN. | 👤 2–3

....

ENTE IN ORANGENSOSSERL

1 bratfertige Ente
5 ungespritzte Orangen
1 kleiner Apfel
Flüssige Butter zum
Einstreichen
Öl für die Form
1 Schuss Grand Marnier
(Orangenlikör)
125 ml Wasser oder Suppe
(> S. 38)
125 ml Orangensaft
1 EL Butter
1 EL Zucker
Salz

MARONIKNÖDERL

130 g gekochte, geschälte
Maroni
3 altbackene Semmeln
Etwas Milch oder Wasser
4 EL Stärkemehl
3 EL Butter
2 Eidotter
6 EL Semmelbrösel
Etwas Majoran
Salz & Pfeffer

APFELROTKRAUT

> *nächste Seite*

ENTE IN ORANGENSOSSERL: Die Schale von 3 (!) gewaschenen Orangen mit einem Zestenreißer abschaben. Das Fruchtfleisch von 4 (!) Orangen filetieren und die Kerne entfernen. Den Apfel und die geschälte fünfte Orange grob zerkleinern und miteinander vermischen.

Die Ente innen wie außen salzen und mit der Apfel-Orangen-Mischung füllen.

Etwas Butter zerlassen, die Ente damit einstreichen und mit der Brust nach unten in eine mit Öl ausgestrichene Form legen. Im vorgeheizten Backrohr bei 180 °C je nach Größe 90–100 Minuten braten und die Ente dabei nach etwa 15 Minuten leicht hin und her bewegen, damit die Haut nicht am Boden kleben bleibt.

Sobald Fett austritt, die Ente damit immer wieder begießen. Nach ca. 45 Minuten Bratzeit die Ente wenden und unter wiederholtem Begießen weitere 50 Minuten knusprig braten.

Ente aus der Pfanne heben, das Fett aus dem Inneren der Ente abgießen und die Ente warm stellen. Auch das Fett aus der Pfanne abgießen.

Bratensatz nochmals kräftig anrösten, damit die Sauce eine schöne Farbe erhält. Mit etwas Grand Marnier ablöschen, mit Wasser oder Suppe sowie der Hälfte des Orangensafts aufgießen und einreduzieren lassen. Die Orangenzesten beigeben und 3 Minuten mitkochen lassen.

Butter in einer Pfanne erhitzen, Zucker beigeben und unter ständigem Rühren karamellisieren lassen. Mit dem restlichen Orangensaft und Grand Marnier ablöschen und dickflüssig einkochen. Die Orangenspalten zugeben.

Die Ente tranchieren und mit dem Orangensoßerl anrichten.

MARONIKNÖDERL: Die gekochten Maroni in kleine Würferl schneiden oder fein wiegen. Die Semmeln in Milch oder Wasser einweichen und ausdrücken. Das Stärkemehl mit wenig Wasser glattrühren.

APFELROTKRAUT

1 Kopf Rotkraut

125 ml Apfelsaft

Etwas Zitronensaft

2 EL Zwiebelwürfel

2 EL Schmalz

2 EL Zucker

250 ml Rotwein

Etwas Wasser oder Suppe

2 Äpfel

1 EL Ribiselmarmelade oder
Preiselbeeren

1 Schuss Rotweinessig

1 Prise Zimt

Etwas Stärkemehl

Salz & Pfeffer

Die Butter mit den Dottern schaumig rühren, die restlichen Zutaten beigeben und alles zu einem Teig vermengen. Mit nassen Händen aus der Masse kleine Knöderl formen.

In einem Topf Salzwasser zum Kochen bringen, Knöderl einlegen und ca. 10 Minuten kochen.

APFELROTKRAUT: Das Rotkraut halbieren, den Strunk entfernen und das Rotkraut hobeln oder in sehr feine Streifen schneiden (dabei am besten Einweghandschuhe verwenden, denn das Rotkraut färbt ab). Mit Salz sowie Apfel- und Zitronensaft vermischen.

Die Zwiebelwürfel in Schmalz anrösten, Zucker beigeben, kurz durchrösten und mit Rotwein ablöschen. Nun das Rotkraut beigeben, mit etwas Wasser oder Suppe aufgießen und alles zugedeckt ca. 30 Minuten weich dünsten.

Währenddessen die Äpfel schälen, entkernen und auf einem Reibeisen reiben. Mit der Marmelade bzw. den Preiselbeeren unter das gekochte Kraut mischen. Mit Rotweinessig und Zimt abschmecken, nochmals aufkochen lassen und mit ein wenig mit Wasser glattgerührtem Stärkemehl binden. Vor dem Auftragen nochmals salzen und pfeffern.

Enten haben ja gerade in der (Vor-)Weihnachtszeit Hochsaison und manche meiner Gäste können gar nicht genug davon bekommen. Zur Abwechslung verwende ich dann bei solchen „Wiederholungstätern" für die Knöderl statt Maroni auch kleingehackte, eingeweichte Kletzen oder Aranzini. Weihnachtlicher geht es nicht …

Wildragout
mit Brezenknöderln

WILDRAGOUT ⫙ | ⏱ 2 STD.
BREZENKNÖDERL ⫙ | ⏱ 1 STD.

....

WILDRAGOUT: Das Fleisch sauber zuputzen, von Sehnen befreien und in walnussgroße Stücke schneiden. Mit Salz und Pfeffer würzen.

Zwiebeln und Wurzelwerk in grobe Würfel schneiden.

Schmalz erhitzen und das Fleisch darin kräftig anbraten. Speckschwarte sowie Wurzelwerk beigeben und ebenfalls braun anrösten. Nun Zwiebelwürfel zugeben und mitrösten.

Paradeismark mit Preiselbeeren einrühren, kurz mitanschwitzen, dann Wacholder und grob geschnittenen Lauch hinzufügen. Durchrühren und alles anrösten.

Mit etwas Rotwein ablöschen und einkochen lassen, wieder etwas zugießen, abermals einkochen lassen und diesen Vorgang ein paar Mal wiederholen, damit die Sauce eine schöne Farbe bekommt. Erst dann mit Suppe aufgießen und die Kräuter einmengen.

Orangenhälfte sowie einen Schuss Essig beigeben und das Ragout ca. 1 Stunde köcheln lassen, bis das Fleisch weich ist (je nach Qualität auch länger).

Fleisch aus der Sauce nehmen und warm stellen. Stärkemehl mit wenig Wasser glattrühren und die Sauce damit leicht binden. Durch ein feines Sieb passieren und nochmals abschmecken.

Kalte Butterflocken unterrühren, die Sauce aber nicht mehr aufkochen lassen und das Fleisch wieder beigeben.

BREZENKNÖDERL: Das Laugengebäck bei Bedarf von zu viel Salz befreien und in Würfel schneiden. Milch mit Eiern, Muskatnuss, Salz und Pfeffer absprudeln, über die Brotwürfel gießen und etwas anziehen lassen.

Zwiebel feinwürfelig schneiden und in Butter anschwitzen. Petersilie zugeben und alles unter die Brotmasse rühren.

WILDRAGOUT

800 g Wildfleisch (Reh, Hirsch oder Wildschwein von Schulter oder Keule)

2 Zwiebeln

3 kleinere Karotten

½ kleine Sellerieknolle

1 Petersilienwurzel

1 EL Schmalz

1 kleines Stück Speckschwarte

1 TL Paradeismark

1 EL Preiselbeeren

5 angedrückte Wacholderbeeren

½ Stange Lauch

500 ml kräftiger Rotwein

½–1 l Suppe (> S. 38)

2 Lorbeerblätter

1 Zweig Rosmarin

1 Zweig Thymian

½ Orange

1 Schuss Essig

1 TL Stärkemehl

1 EL kalte Butter

Salz & Pfeffer

BREZENKNÖDERL

> *nächste Seite*

Ein passendes Stück Frischhaltefolie auf die Arbeitsfläche legen, aus der Knödelmasse ca. 6 cm dicke Rollen formen und jede Rolle zuerst in Frischhaltefolie gut einpacken, dann zusätzlich noch in Alufolie einschlagen und gut verschließen.

In einem Topf reichlich Wasser aufkochen lassen, die Brezenknöderl einlegen und ca. 30 Minuten garen.

ANRICHTEN: Gegarte Brezenknöderl herausheben, aus den Folien wickeln und nach Belieben einmal schräg durchschneiden.

Ragout auf vorgewärmte Teller verteilen und die Brezenknöderl daneben anrichten.

BREZENKNÖDERL

Ca. 300 g Laugenbrezen oder -stangerl
300 ml Milch
2 Eier
½ Zwiebel
Muskatnuss
1 EL Butter
1 EL gehackte Petersilie
Salz & Pfeffer

Wenn Ihnen das Einwickeln der Teigrollen in Folie zu mühsam ist, dann formen Sie aus dem Teig einfach kleine Knöderl und garen diese entsprechend kürzer. Mit Sicherheit keine schlechte Alternative, ganz im Gegenteil!

Feldhase in dunkler Wildsauce mit Erdäpfel-Speck-Kroketten

FELDHASE 🍴 | ⏱ 2 STD.
ERDÄPFEL-SPECK-KROKETTEN 🍴 | ⏱ 50 MIN.

FELDHASE IN WILDSAUCE

1 küchenfertiger Feldhase
Mehl zum Wenden
1 Zwiebel
120 g Wurzelwerk
1 Speckschwarte
3 EL Schmalz
500 ml kräftiger Rotwein
3 zerdrückte Wacholder-
beeren
1 TL Majoran
Abgeriebene Schale von
1 Zitrone
Wasser oder Suppe
(> S. 38)
1 Schuss Rotweinessig
4 EL Hasen- oder Schweineblut bzw. Powidl (> Tipp)
Salz & Pfeffer

KROKETTEN

500 g mehlige Erdäpfel
1 EL Speckwürfel
1 TL Butter
3 Eidotter
Muskatnuss
Mehl, Ei und Semmelbrösel
zum Panieren
Fett zum Backen
Salz

FELDHASE IN WILDSAUCE: Den Hasen zerteilen oder dies bereits beim Fleischhauer bzw. Wildhändler vorbereiten lassen. Stücke kräftig salzen, pfeffern und leicht in Mehl wenden. Die Zwiebel feinwürfelig, das Wurzelwerk in grobe Stücke schneiden.

In einer Bratenpfanne (mit Deckel) die Speckschwarte in heißem Schmalz anbraten. Hasenteile zugeben, rundum anbraten und wieder aus dem Topf geben. Nun Wurzelwerk und Zwiebel beigeben und kurz durchrösten, mit Rotwein ablöschen, Gewürze sowie Zitronenschale beigeben und alles aufkochen lassen.

Hasenteile wieder einlegen und ca. 1½ Stunden zugedeckt auf kleiner Flamme weich dünsten. Bei Bedarf mit Wasser oder Suppe aufgießen. Fleisch herausnehmen und warm stellen.

Speckschwarte sowie Wacholderbeeren entfernen, die Sauce pürieren und noch etwas einkochen lassen. Dann mit Essig abschmecken, mit Blut oder Powidl binden. Fleisch wieder einlegen und kurz aufkochen lassen.

KROKETTEN: Geschälte Erdäpfel vierteln, in Salzwasser weich kochen, abseihen und etwas ausdampfen lassen. Durch die Erdäpfelpresse drücken.

Speckwürfel in Butter anrösten. Mit Dottern unter die Erdäpfelmasse rühren und mit Salz sowie Muskatnuss würzen.

Die Masse in einen Dressiersack ohne Tülle füllen, auf eine bemehlte Arbeitsfläche spritzen und in 4–5 cm lange Stücke schneiden.

Mehl, Ei und Brösel zum Panieren vorbereiten, die Kroketten darin behutsam wie Schnitzel panieren und in heißem Fett (ca. 170 °C heiß) schwimmend knusprig herausbacken.

Herausheben und auf Küchenrolle abtropfen lassen.

MEIN TIPP

Hasen- oder Schweineblut ist nicht jedermanns Sache und nicht leicht zu bekommen. Die süße Note und leichte Bindung der Sauce erhalten Sie aber auch durch Powidl, Preiselbeeren oder andere süße Marmeladen.

Ein echt österreichisches Menü muss natürlich auch mit einer echt österreichischen Nachspeis' beendet werden. Ob man sich dabei durch flaumige Powidltascherl, knusprige Schlosserbuben und luftige Schneenockerl schlemmt oder doch lieber bei klassischer Wachauer Torte oder Grießflammeri zuschlägt, ist wohl Geschmackssache. Keine Frage des Geschmacks, sondern ein unbedingtes Muss ist nach Meinung vieler meiner Gäste unsere Hauscremeschnitte. Mich freut's – und ich gebe Ihnen das Rezept gerne weiter.

Mein Geheimtipp

Die Schokoladentorte

Mehlspeisen.

Marillenknöderl

🍴 | ⏱ 1 STD.

ERDÄPFELTEIG

500 g mehlige, geschälte
Erdäpfel
200 g griffiges Mehl
1 EL Grieß
1 EL Butter
2 Eidotter
Salz

MARILLENKNÖDEL

8 Marillen
8 Stück Würfelzucker
Salz
Bröselbutter (> S. 155)
Staubzucker zum Bestreuen

ERDÄPFELTEIG: Erdäpfel in kleinere Stücke teilen und in Salzwasser kernig-weich kochen. Abseihen und kurz ausdampfen lassen.

Erdäpfel durch eine Erdäpfelpresse drücken und mit einer Prise Salz, Mehl, Grieß, Butter und Eidottern zu einem glatten Teig verarbeiten.

MARILLENKNÖDEL: Die Marillen behutsam entkernen und den Kern jeweils durch ein Stück Würfelzucker ersetzen.

Den Erdäpfelteig zu einer ca. 5 cm dicken Rolle formen. Mit einer Teigkarte kleine Stücke abstechen, etwas flachklopfen, je eine Marille auflegen und mit leicht mit Wasser befeuchteten Händen den Teig über die Marille ziehen. Zu Knödeln formen.

In einem großen Topf reichlich leicht gesalzenes Wasser aufkochen lassen. Die Knödel einlegen und den Topf ganz leicht schütteln, damit sich diese nicht am Boden festsetzen. Leicht wallend ca. 15 Minuten kochen lassen.

Den Topf vom Herd nehmen und die Knödel noch 2–3 Minuten nach-ziehen lassen.

Dann herausheben und in der Bröselbutter wälzen. Auf Tellern anrichten und mit Staubzucker bestreuen.

MEIN TIPP

Die „Wachauer Marille" ist nicht nur eine geschützte Ursprungsbezeichnung, sondern sie sorgt auch dafür, dass wir – und alle meine Kollegen zwischen Melk und Krems – zur Marillensaison geradezu gestürmt werden. Haupt-attraktion sind dabei natürlich die begehrten Marillenknödel, die in unserem Gasthaus seit über 100 Jahren auf der Karte stehen. Eine lange Zeit, doch an der Zubereitung hat sich kaum etwas geändert. Gute Rezepte überdauern eben alle Moden!
*Im Übrigen lassen sich auf dieser Art natürlich auch andere **Obstknödel** zu-bereiten, etwa Zwetschken- oder Erdbeerknödel.*

Powidltascherl mit Bröselbutter

🍴 | ⏱ 1 STD.

POWIDLTASCHERL: Den Erdäpfelteig wie im Rezept für die Marillenknödel beschrieben vorbereiten.

Powidl mit Rum, Zimt und einer kleinen Prise Salz verrühren. Evtl. in einen Dressiersack mit glatter Tülle füllen.

Den Erdäpfelteig auf einer bemehlten Arbeitsfläche ca. 4 mm dick ausrollen und mit einem Kreisausstecher 5–6 cm große Scheiben ausstechen. Teigränder jeweils mit verquirltem Ei bestreichen, in die Mitte des Kreises ein wenig Powidl auftragen und die Scheiben halbmondartig zusammenlegen. Die Ränder rundum gut festdrücken.

In einem Topf reichlich leicht gesalzenes Wasser aufkochen lassen. Powidltascherl einlegen und schwach wallend ca. 8 Minuten kochen lassen, bis die Tascherl an die Oberfläche schwimmen.

BRÖSELBUTTER: Die Butter in einer Pfanne zergehen lassen, den Kristallzucker einstreuen und karamellisieren lassen.

Die Brösel beifügen und unter wiederholtem Umrühren knusprig rösten.

FERTIGSTELLEN: Die Powidltascherl mit einem Siebschöpfer herausheben, ganz kurz mit kaltem Wasser abschrecken und in der warmen Bröselbutter schwenken.

Auf Tellern anrichten und unmittelbar vor dem Servieren mit Staubzucker bestreuen.

POWIDLTASCHERL
Erdäpfelteig (> S. 152)
Ca. 400 g Powidl
2 EL Rum
1 Msp. Zimt
Salz
1 Ei
Staubzucker

BRÖSELBUTTER
200 g Butter
1 TL Kristallzucker
Ca. 150 g Semmelbrösel

MEIN TIPP

Powidltascherl wurden in meiner Kindheit – zu unserer großen Freude – oft als fleischfreie Hauptmahlzeit aufgetischt. Damals gab's zwar kräftig viel Staubzucker darauf, aber keine weitere Beilage.
Heute serviere ich meinen Gästen gerne erfrischendes Mohneis als Garnitur, da Mohn und Powidl in der altösterreichischen Küche seit jeher eine äußerst harmonische Verbindung eingehen.

Topfenknöderl mit Erdbeerragout

TOPFENKNÖDERL 🍴 | ⏱ 2 ½ STD. (INKL. RASTENLASSEN)
ERDBEERRAGOUT 🍴 | ⏱ 10 MIN.

TOPFENKNÖDERL

360 g Topfen
110 g Semmelbrösel
1 Eidotter
2 Eier
1 EL Butter
2 EL Staubzucker
Abgeriebene Schale
von 1 Zitrone
1 Prise Salz

ERDBEERRAGOUT

400 g Erdbeeren
100 g Staubzucker
Saft von ½ Zitrone
1 EL Grand Marnier
(Orangenlikör)

FERTIGSTELLEN

Bröselbutter (> S. 155)
Staubzucker

TOPFENKNÖDERL: Topfen mit Bröseln, Eidotter, Eiern, Butter und Staubzucker vermengen. Mit abgeriebener Zitronenschale sowie einer Prise Salz abschmecken und zu einem Teig verrühren. Etwa 2 Stunden rasten lassen.

In einem Topf leicht gesalzenes Wasser aufkochen lassen. Inzwischen aus der Masse kleine Knöderl formen. Ins kochende Wasser einlegen und ca. 12 Minuten schwach köcheln lassen.

ERDBEERRAGOUT: Die Erdbeeren entstielen. Etwa ein Viertel davon (ca. 100 g) mit Staubzucker und Zitronensaft mit dem Stabmixer pürieren. Mit Grand Marnier aromatisieren.

Die restlichen Erdbeeren vierteln und unter das Erdbeerpüree mischen.

FERTIGSTELLEN: Erdbeerragout als Saucenspiegel auf die Teller auftragen.

Die gekochten Topfenknöderl behutsam herausheben, in der Bröselbutter wälzen und auf dem Erdbeerragout anrichten.

Die Knöderl vor dem Auftragen mit Staubzucker bestreuen.

MEIN TIPP

Viele meiner Gäste wollen die Topfenknödel einfach so genießen, wie sie sind – ungefüllt und mit feinem Topfenaroma. Ab und zu erlaube ich mir aber eine etwas raffiniertere Variante und fülle die kleinen Knöderl mit feinem Nougat oder duftenden Erdbeeren. Dazu passt neben diesem Erdbeerragout auch Marillen- oder Zwetschkenröster sehr gut.

Schneenockerl mit Vanillesauce

SCHNEENOCKERL 🍴 | ⏱ 10–15 MIN.
VANILLESAUCE 🍴 | ⏱ 15 MIN.

SCHNEENOCKERL
5 Eiklar
120 g Staubzucker
500 ml Milch

VANILLESAUCE
1 Vanilleschote
500 ml Milch
130 g Kristallzucker
1 Ei
2 Eidotter

VANILLESAUCE: Die Vanilleschote halbieren, das Mark herauskratzen und zur Seite geben.

Die ausgeschabte Schote in die Milch legen. Die Hälfte des Zuckers mit dem Ei, den Dottern, dem Vanillemark und 5 Esslöffeln Milch verrühren.

Die restliche Milch mit dem übrigen Zucker und der Vanilleschote zum Kochen bringen, dann vom Herd nehmen und die Dottermasse einrühren. Nochmals auf kleiner Flamme kurz verrühren, aber nicht mehr kochen lassen!

Die Vanilleschote entfernen, die Sauce durch ein Sieb passieren und im Wasserbad warm stellen.

SCHNEENOCKERL: Eiklar in eine Schüssel geben und zu steifem Schnee schlagen. Den Staubzucker zugeben und locker einrühren.

Die Milch in einen Topf gießen und aufkochen lassen.

Dann die Hitze reduzieren, mit einem Suppenlöffel aus der Schneemasse Nockerl stechen und in die heiße Milch einlegen. Einmal aufkochen lassen, wenden und insgesamt ca. 1 Minute kochen.

ANRICHTEN: Die warme Vanillesauce auf Teller gießen.

Fertige Schneenockerl vorsichtig herausheben und auf der Vanillesauce anrichten.

MEIN TIPP

Alleine aus optischen Gründen passen dazu frische rote Beeren als Garnitur. Sie setzen aber auch einen feinen geschmacklichen Akzent.

Gebackene Schneeballen mit Hexenschaum

GEBACKENE SCHNEEBALLEN 🍴 | ⏱ 1 STD.
HEXENSCHAUM 🍴 | ⏱ 40 MIN.

GEBACKENE SCHNEEBALLEN

180 g glattes Mehl
6 Eidotter
2 EL Butter
2 EL Sauerrahm
1 Schuss Rum
1 Prise Salz
Pflanzenöl zum Backen
Staubzucker

HEXENSCHAUM

3 Äpfel
1 EL Butter
2 EL Marillenmarmelade
3 Eiklar
120 g Staubzucker
1 TL Rum

HEXENSCHAUM: Die Äpfel schälen, vom Kerngehäuse befreien, in Spalten schneiden und in Butter anbraten. Gemeinsam mit der Marillenmarmelade durch ein Sieb passieren.

Eiklar zu festem Schnee aufschlagen. Den Zucker hineinsieben, den Rum sowie das Apfelgemisch beigeben und so lange rühren, bis eine steife Masse entsteht. Den Hexenschaum kalt stellen.

GEBACKENE SCHNEEBALLEN: Das Mehl mit Dottern, Butter, Sauerrahm, Rum sowie einer Prise Salz zu einem geschmeidigen Teig verkneten. Zu einer Kugel formen und in eine Frischhaltefolie gehüllt ca. ½ Stunde kühl rasten lassen.

Dann den Teig dünn ausrollen und in ca. 6 cm große Quadrate schneiden oder radeln. In diese jeweils fingerbreite Streifen so hineinschneiden oder -radeln, dass der Rand rundherum unversehrt bleibt. Dann einen Kochlöffel zwischen den Teigstreifen hindurchfädeln, um den Schneeballen die charakteristische Form zu geben.

Reichlich Öl erhitzen, die Ballen einlegen und den Kochlöffel herausziehen. Goldgelb herausbacken.

Die fertigen Schneeballen herausheben und auf Küchenrolle abtropfen lassen.

ANRICHTEN: Die Schneeballen auf Tellern anrichten und mit Staubzucker bestreuen.

Den kalten Hexenschaum in einen Dressiersack füllen und als Garnitur zu den Schneeballen auf den Teller dressieren (aufspritzen).

Wie zu vielen in Fett herausgebackenen Mehlspeisen passt auch zu diesen eigentlich recht einfachen Schneeballen statt Hexenschaum feine Vanillesauce (> S. 157) oder Röster.

Gebackene Hollerblüten
mit Hollerparfait

GEBACKENE HOLLERBLÜTEN ❢ | ⏲ 20 MIN.
HOLLERPARFAIT ❢❢ | ⏲ 2 ½ STD. (INKL. MARINIEREN) + TIEFKÜHLEN

....

GEBACKENE HOLLERBLÜTEN
Hollerblüten
3 Eier
200 g glattes Mehl
1 Prise Salz
125 ml prickelndes Mineralwasser
1 TL Kristallzucker
Öl zum Backen

HOLLERPARFAIT
2 EL verlesene, gehackte
Hollerblüten
Saft von ½ Zitrone
2 EL Hollersirup
2 Eidotter
1 Ei
2 EL Kristallzucker
300 ml Schlagobers

ANRICHTEN
Staubzucker
Etwas Hollersirup

HOLLERPARFAIT: Die gehackten Hollerblüten mit Zitronensaft sowie Hollersirup vermengen und 2 Stunden marinieren.

Dann die Dotter mit dem Ei und dem Zucker über Wasserdampf schaumig aufschlagen. Vom Wasserbad nehmen und etwas abkühlen lassen.

Das Obers aufschlagen und mit den marinierten Hollerblüten unter die Dottermasse ziehen.

Eine passende Pasteten- oder Rehrückenform mit Frischhaltefolie auslegen, die Masse einfüllen und einige Stunden tiefkühlen.

GEBACKENE HOLLERBLÜTEN: Die Hollerblüten gut waschen, am Stiel fassen und „kopfüber" gut abschütteln. Die Blüten vorsichtig trocken tupfen.

Die Eier trennen und die Eidotter mit Mehl, Salz sowie Mineralwasser versprudeln. Eiklar und Zucker zu Schnee schlagen und in den Backteig einrühren.

In einer tiefen Pfanne reichlich Öl erhitzen. Die Hollerblüten durch den Backteig ziehen und im heißen Fett schwimmend goldgelb herausbacken. Herausheben und auf Küchenrolle abtropfen lassen.

ANRICHTEN: Das Parfait rechtzeitig vor dem Auftragen etwas antauen lassen, damit es nicht zu hart ist.

Die abgetropften gebackenen Hollerblüten auf Teller geben und mit Staubzucker bestreuen.

Das Parfait in Scheiben schneiden oder mit einem Löffel Nockerl herausstechen und daneben anrichten. Nach Belieben mit etwas Hollersirup garnieren.

Schlosserbuben

 | ⏱ 40 MIN.

BACKTEIG: Die Eier in Dotter und Eiklar trennen. Die Dotter mit dem Bier (oder dem Mineralwasser) sowie Mehl, Staubzucker und Öl verrühren.

Das Eiklar mit einer Prise Salz zu steifem Schnee schlagen und unterziehen. Der Backteig sollte nun schön dickflüssig sein.

SCHLOSSERBUBEN: Die Zwetschken entkernen und den Kern durch je eine geschälte Mandel oder ein Kugerl Marzipan ersetzen.

In einer Pfanne reichlich Fett erhitzen. Die Zwetschken nacheinander in den Teig tauchen (dafür am besten auf ein Spießchen stecken) und im heißen Fett ca. 6 Minuten goldgelb backen.

Herausheben und auf Küchenrolle abtropfen lassen.

ANRICHTEN: Die Schlosserbuben in Staubzucker und geriebener Schokolade wälzen.

Die vorbereitete Vanillesauce auf Teller auftragen und die fertigen Schlosserbuben darauf anrichten.

SCHLOSSERBUBEN
Ca. 12 Zwetschken (> Tipp)
Ca. 12 geschälte Mandeln oder kleine Marzipankugerl
Neutrales Pflanzenfett

BACKTEIG
Ca. 300 ml Bier (oder prickelndes Mineralwasser)
3 Eier
150 g glattes Mehl
3 EL Staubzucker
1 KL gutes Öl
1 Prise Salz

ANRICHTEN
Vanillesauce (> S. 157)
Ca. 150 g geriebene Zartbitterschokolade
Etwas Staubzucker

MEIN TIPP

*Wenn in der Wachau die Marillen frisch geerntet werden, so werden statt Zwetschken natürlich goldorange Wachauer Marillen in Backteig gehüllt – und ich kann meinen Gästen somit **Wäschermädel** auftischen.*

Kaiserschmarren

 40 MIN.

TEIG

150 g glattes Mehl
250 ml Milch
1 EL Vanillezucker
1 Prise Salz
5 Eier
2 EL Kristallzucker

FERTIGSTELLEN

2 EL Butter
Evtl. 1 EL Rosinen
Evtl. 1 Schuss Rum
1 EL Kristallzucker

TEIG: Das Mehl mit Milch, Vanillezucker und Salz glatt verrühren. Die Eier in Eiklar und Dotter trennen und die Dotter beigeben.

Das Eiklar mit Kristallzucker zu Schnee schlagen und unter die Masse ziehen.

FERTIGSTELLEN: Die Rosinen nach Belieben in etwas Rum einweichen.

Die Butter in einer großen (oder zwei kleineren) feuerfesten Pfanne(n) erhitzen, den Teig eingießen und nach Geschmack die eingeweichten Rosinen darüberstreuen.

Im vorgeheizten Backrohr bei 200 °C ca. 15 Minuten backen, dann grob teilen, wenden und weitere 10 Minuten fertig backen.

(Alternativ in der Pfanne goldgelb backen: Dafür gegen Ende den Kaiserschmarren zerreißen, aus der Pfanne nehmen und etwas Zucker in der Pfanne bräunen lassen. Kaiserschmarren wieder zugeben und darin schwenken.)

Den fertig gebackenen Kaiserschmarren herausheben, mit zwei Gabeln in kleine Stücke reißen und mit Kristallzucker bestreuen. Im heißen Backrohr nochmals karamellisieren lassen. Heiß servieren.

Ganz klassisch wird zu Kaiserschmarren Zwetschkenröster serviert, ich sorge aber mit den unterschiedlichsten Kompotten, Marillen- oder Beerenröster als Beilage gerne für Abwechslung.

Heidelbeerdalken

 20–30 MIN.

TEIG: In einer Schüssel die Eidotter mit Milch und Mehl zu einem sämigen Teig verrühren.

Eiklar aufschlagen, Zucker langsam beigeben und den Schnee vorsichtig unter den Teig rühren.

FERTIGSTELLEN: Etwas Butter oder Fett in einer Pfanne leicht erhitzen, aber nicht zu braun werden lassen.

Die Masse mit einem Suppenlöffel in kleinen Portionen in die Pfanne gießen. Heidelbeeren darüber verteilen.

Die Dalken auf der Unterseite kurz anbacken, wenden und auf der zweiten Seite ebenfalls etwas Farbe nehmen lassen. Dann die Hitze reduzieren und die Dalken langsam fertig backen.

Herausheben, auf Küchenrolle abtropfen lassen und mit den Heidelbeeren nach oben auf Tellern anrichten. Mit Staubzucker bestreuen und evtl. mit frischen Heidelbeeren garnieren.

TEIG

4 Eidotter
400 ml Milch
250 g glattes Mehl
6 Eiklar
120 g Kristallzucker
400 g Heidelbeeren

FERTIGSTELLEN

Butter oder Fett
Staubzucker

MEIN TIPP

*Dazu passt erfrischendes **Zitronen-Honig-Joghurt**. Dafür verfeinern Sie Joghurt mit einem Schuss Zitronensaft und etwas Honig.*

Marillenbuchteln

 | ⏱ 2 STD.

BUCHTELTEIG
250 ml Milch
30 g Germ
500 g glattes Mehl
2 Eidotter
60 g Staubzucker
Abgeriebene Schale von
½ Zitrone
1 EL Vanillezucker
60 g Butter mit Raum-
temperatur
1 Prise Salz

FERTIGSTELLEN
Marillenmarmelade
Ca. 180 g Butter
Staubzucker

BUCHTELTEIG: Die Milch nur ganz leicht (auf ca. 30 °C) erwärmen und den Germ unter sanftem Rühren mit dem Schneebesen auflösen. Mit Mehl, Dottern, Staubzucker, Zitronenschale und Vanillezucker vermischen und Butter sowie Salz beigeben.

Mit der Küchenmaschine (Knethaken) ca. 5 Minuten zu einem glatten Teig verarbeiten, bis dieser sich vom Kesselrand löst. Mit einem Tuch abdecken und ca. ½ Stunde rasten lassen.

FERTIGSTELLEN: Inzwischen die Butter erwärmen, bis sie flüssig ist, und eine passende Backform damit ausstreichen.

Den Teig in kleine, etwa 30–40 g schwere Stücke teilen und jedes Stückchen ca. 1 cm dick ausrollen. Mit einem Löffel etwas Marillenmarmelade in die Mitte setzen und die Teigstücke über der Marmelade fest zusammendrücken.

Die Buchteln in flüssige Butter tauchen (oder großzügig damit bestreichen) und mit dem zusammengedrückten Schluss nach unten eng nebeneinander in die vorbereitete Form setzen. An einem warmen Ort (am besten bei ca. 30 °C) ca. 25 Minuten aufgehen lassen.

Dann im vorgeheizten Backrohr bei 170 °C 25–30 Minuten backen.

Die fertigen Buchteln herausheben, evtl. noch heiß mit Butter bestreichen, damit sie saftiger bleiben. Etwas überkühlen lassen, aber am besten noch warm mit Staubzucker bestreuen und auftragen.

Diese Buchteln schmecken zwar ohnehin schon sehr gut, aber eine dazu gereichte warme Vanillesauce (> S. 157) macht die Sache noch feiner.
Je nach Lust und Laune fülle ich die Buchteln auch manchmal mit Powidl oder Erdbeermarmelade.

Brioche-Scheiterhaufen

🍴 | ⏱ 1 ½ STD.

BRIOCHE-SCHEITERHAUFEN: Das Gebäck in dünne Scheiben schneiden und in eine Schüssel geben.

Die Milch mit Eiern und zerlassener Butter versprudeln. 1 Esslöffel Zucker mit dem Vanillemark darin auflösen und die Eiermasse über das geschnittene Gebäck gießen. Rosinen untermischen und alles ca. ½ Stunde ziehen lassen, währenddessen ab und zu umrühren.

Inzwischen die Äpfel schälen, entkernen und blättrig schneiden. Mit Zimt, 1 Esslöffel Zucker und Rum locker durchmischen.

Eine passende Auflaufform gut mit Butter ausstreichen. Die Hälfte der Briochemasse in die Auflaufform geben, die Äpfel darauf verteilen, die restliche Masse darüber verteilen und den Scheiterhaufen mit Alufolie abdecken.

Im vorgeheizten Backrohr bei 180 °C ca. 25 Minuten backen. Dann die Folie entfernen und nochmals 15 Minuten fertig backen.

FERTIGSTELLEN: Eiklar in eine Schüssel schlagen, aufschlagen, den Zucker hinzufügen und zu festem Schnee schlagen.

Den Schnee auf den fertig gebackenen Scheiterhaufen auftragen. Die Backrohrtemperatur auf 230 °C erhöhen, den Scheiterhaufen mit Schneehaube ins Rohr schieben und 6–8 Minuten überbacken.

Mit Puderzucker bestreuen und auftragen.

BRIOCHE-SCHEITERHAUFEN

130 g Briochegebäck
(ersatzweise Weißbrot,
Semmeln etc.)
125 ml Milch
2 EL zerlassene Butter
4 Eier
2 EL Kristallzucker
Mark von 1 Vanilleschote
1 EL Rosinen
500 g Äpfel
1 Msp. Zimt
1 EL Rum
Butter für die Form

FERTIGSTELLEN

4 Eiklar
110 g Zucker
Staubzucker

MEIN TIPP

In meiner Kindheit war Freitag meistens „Mehlspeistag". Da gab es traditionell zuerst eine Gemüsesuppe (> S. 38) und danach eine der wundervollen warmen Mehlspeisen – wie etwa diesen Scheiterhaufen. Damals bekamen wir als „Garnitur" oft einfach Himbeersirup dazu, eine Gewohnheit, die ich mir als Kindheitserinnerung bis heute erhalten habe. Meinen Gästen serviere ich freilich feines, selbst gemachtes Himbeermark.
Wir Kinder liebten Scheiterhaufen, weil er uns so gut schmeckte. Meine Mutter setzte ihn aber vor allem deswegen auf den Speiseplan, weil sie so übrig gebliebenes Gebäck, wie zum Beispiel Briochestriezel, Osterpinzen, Kipferl und Brezerl, wunderbar weiterverarbeiten konnte.

Mandelkoch mit Sabayon

MANDELKOCH ❗❗ | ⏱ 50 MIN.
SABAYON ❗❗ | ⏱ 10 MIN.

MANDELKOCH

110 g Butter

125 g Staubzucker

Abgeriebene Schale von
1 Zitrone

1 Prise Salz

1 EL Vanillezucker

7 Eidotter

4 Eiklar

1 EL Kristallzucker

140 g geriebene Mandeln

30 g Semmelbrösel

Butter & Kristallzucker
für die Formen

SABAYON

3 Eidotter

80 g Kristallzucker

120 ml Süßwein (Beeren-
auslese, Eiswein)

ANRICHTEN

Staubzucker

MANDELKOCH: Die Butter mit Staubzucker, Zitronenschale, Salz und Vanillezucker schaumig schlagen. Die Eidotter nach und nach einrühren.

Eiklar mit Kristallzucker zu Schnee schlagen. Diesen abwechselnd mit den geriebenen Mandeln und den Semmelbröseln behutsam unter die Dottermasse heben.

Passende kleine (Dariol-)Formen mit Butter ausstreichen und mit Kristallzucker ausstreuen.

Die Masse einfüllen, dabei die Formen nur zu etwa drei Vierteln auffüllen (Teig geht auf!). Die Formen in ein Wasserbad (Wanne mit heißem Wasser) setzen. Im vorgeheizten Backrohr bei 200 °C ca. 25 Minuten pochieren.

SABAYON: Die Dotter mit Kristallzucker und Süßwein über heißem Dampf so lange schaumig rühren, bis sich das Volumen der Masse verdoppelt hat.

ANRICHTEN: Das fertige Mandelkoch noch warm auf Teller stürzen und vor dem Servieren mit Staubzucker bestreuen. Das Sabayon als Garnitur daneben anrichten.

MEIN TIPP

Für diesen Hauch von Nachspeise verwende ich je nach Jahreszeit frische Erd-, Him- oder Johannisbeeren als Garnitur – das schmeckt nicht nur gut, sondern sieht auch nett aus.

Schokolade-Nuss-Koch mit Schokoladesauce

SCHOKOLADE-NUSS-KOCH | 1 STD.
SCHOKOLADESAUCE | 10 MIN.

SCHOKOLADE-NUSS-KOCH: Die Butter rechtzeitig aus dem Kühlschrank geben und Zimmertemperatur annehmen lassen. Die Eier in Eiklar und Eidotter trennen. Die Kochschokolade (am besten im Wasserbad) langsam schmelzen.

Die weiche Butter schaumig rühren, dann die geschmolzene Schokolade einrühren und die Dotter nach und nach zugeben.

Die Nüsse mit den Bröseln vermengen. Eiklar mit Kristall- und Vanillezucker sowie Salz zu steifem Schnee schlagen und abwechselnd mit der Nuss-Brösel-Mischung unter die Dottermasse heben.

Kleine (Dariol-)Formen mit Butter ausstreichen und mit Zucker ausstreuen. Die Masse etwa dreiviertelhoch einfüllen, die Formen mit Alufolie oder Backpapier abdecken und im Wasserbad (große Backform mit heißem Wasser gefüllt) im vorgeheizten Backrohr bei 170 °C etwa 40 Minuten backen.

SCHOKOLADESAUCE: Die Kochschokolade in kleinere Stücke brechen.

In einem Topf Milch mit Obers und Honig aufkochen und die Schokoladestückchen darin auflösen, aber nicht mehr kochen lassen.

ANRICHTEN: Das Schlagobers steif schlagen.

Das Schokolade-Nuss-Koch aus dem Backrohr nehmen und auf jeweils einen Teller stürzen.

Mit der Schokoladesauce überziehen und mit Schlagobers großzügig garnieren.

SCHOKOLADE-NUSS-KOCH

50 g Butter
3 Eier
50 g Kochschokolade
50 g geriebene Walnüsse
25 g Semmelbrösel
50 g Kristallzucker
1 TL Vanillezucker
1 Prise Salz
Butter und Kristallzucker für die Formen

SCHOKOLADESAUCE

190 g Kochschokolade
100 ml Milch
100 ml Schlagobers
1 TL Honig

ANRICHTEN

500 ml Schlagobers

Grießflammeri
mit marinierten Erdbeeren

GRIESSFLAMMERIE ❘ ⏱ 30 MIN. + KALT STELLEN
MARINIERTE ERDBEEREN ❘ ⏱ 20 MIN.

. . . .

GRIESSFLAMMERI
250 ml Milch
Mark von 1 Vanilleschote
oder 1 EL Vanillezucker
2 EL Kristallzucker
Etwas abgeriebene Schale
von 1 Zitrone
1 Prise Salz
2 EL Weizengrieß
Ca. 2 Blatt Gelatine (2 g)
500 ml Schlagobers

MARINIERTE ERDBEEREN
300 g frische Erdbeeren
Zitronensaft
1 EL Vanillezucker
Staubzucker
1 Schuss Grand Marnier
(oder anderer Orangenlikör)

GRIESSFLAMMERI: Die Milch mit Vanille, Kristallzucker, Zitronenschale und Salz in einen Topf geben und aufkochen lassen. Den Grieß unter ständigem Rühren einstreuen und ca. 3 Minuten köcheln lassen. Vom Herd nehmen.

Die Gelatine schon vorab in kaltem Wasser einweichen. Nun ausdrücken und in der noch warmen Masse auflösen. Kurz überkühlen lassen.

Inzwischen das Schlagobers steif schlagen und unter die überkühlte Masse ziehen. Diese in kleine Förmchen oder Gläser füllen und im Kühlschrank gut durchkühlen lassen.

MARINIERTE ERDBEEREN: Die Erdbeeren vierteln und mit Zitronensaft, Vanillezucker und Staubzucker marinieren. Nach Geschmack auch einen Schuss Grand Marnier beigeben.

Die Erdbeeren kurz ziehen lassen.

ANRICHTEN: Das Grießflammeri nach Belieben stürzen oder im Glas servieren und mit den marinierten Erdbeeren garnieren.

Hauscremeschnitte mit Beerensoßerl

HAUSCREMESCHNITTE ♦♦♦ | ⏱ BLÄTTERTEIG CA. 4 STD. + ÜBER NACHT RASTEN LASSEN, ENDFERTIGUNG CA. 1 STD. | VANILLECREME ♦♦ | ⏱ 30 MIN. | BEERENSOSSERL ♦ | ⏱ 3 MIN.

TEIGVORBEREITUNG: Sämtliche Zutaten für den Vorteig zu einer elastischen Masse verkneten, zu einem halbrunden Ballen formen und obenauf ein Kreuz einschneiden. Dann ca. 40 Minuten rasten lassen.

Für den Butterziegel die Butter Zimmertemperatur annehmen lassen und diese mit dem Mehl händisch zu einem glatten Teig verarbeiten. Zu einem Ziegel formen.

Den Vorteig kleeblattförmig so groß ausrollen, dass der Butterziegel daraufgelegt und der Teig von jeder Seite her darübergeschlagen werden kann.

Dann den Teig mit dem Butterziegel von der Mitte ausgehend mit dem Nudelwalker vorsichtig nach allen Richtungen hin ca. 1 cm dick ausrollen.

DIE VIER ARBEITSSCHRITTE:

1. Den ausgerollten Teig an einer Längsseite ungefähr zu je einem Drittel markieren, die 3 Teile übereinanderlegen (der Teig hat dann 3 Schichten) und wieder ausrollen.
2. Teig in 4 Teile markieren und zusammenschlagen (4 Schichten). Zudecken und ca. ½ Stunde rasten lassen.
3. Schritt 1 wiederholen.
4. Teig wie bei Schritt 2 bearbeiten.

Am Ende hat der Teig die für einen echten Blätterteig nötigen 144 Schichten. Abgedeckt über Nacht im Kühlschrank rasten lassen.

TEIGBLÄTTER: Den Teig am nächsten Tag in drei Teile teilen und diese jeweils ca. 5 mm dünn ausrollen.

Ein Backblech mit Backpapier belegen, die Teigbahnen darauflegen und im vorgeheizten Backrohr bei 170 °C ca. 7 Minuten goldgelb backen.

VANILLECREME: Milch mit Obers in eine Schüssel geben und mit Kristall- sowie Vanillezucker, Mehl, Dottern und Vanillemark über heißem Dampf (Wasserbad) cremig rühren.

Kochendes Wasser einrühren und vom Wasserdampf nehmen. Über einem Wasserbad mit Eiswürfelwasser etwas kaltrühren. Dann die handwarme Butter einrühren und die Creme kalt stellen.

VORTEIG
500 g Mehl
2 EL Butter
1 Eidotter
1 EL Essig
80 ml Wasser
1 Prise Salz

BUTTERZIEGEL
500 g Butter
80 g Mehl

VANILLECREME
125 ml Milch
250 ml Schlagobers
300 g Kristallzucker
3 EL Vanillezucker
200 g Mehl
3 Eidotter
Mark von 1 Vanilleschote
750 ml kochendes Wasser
Eiswürfelwasser zum Kaltrühren
200 g handwarme Butter

BEERENSOSSERL

250 g Erdbeer-, Himbeer-
oder Heidelbeermarmelade
Saft von ½ Zitrone
Etwas Orangensaft

FERTIGSTELLEN

500 ml Schlagobers
Staubzucker

BEERENSOSSERL: Die Marmelade mit Zitronen- und Orangensaft zu einer Sauce glattrühren.

FERTIGSTELLEN: Schlagobers zum Füllen steif schlagen.

Das erste Teigblatt fingerdick mit der erkalteten Vanillecreme bestreichen, das zweite Teigblatt daraufsetzen und ebenfalls fingerdick mit Creme bestreichen. Nun das geschlagene Obers darüber verteilen und das dritte Teigblatt daraufsetzen.

Mit Staubzucker bestreuen und vorsichtig in Portionen schneiden (> Tipp).

Die Teller mit dem Beerensoßerl beträufeln und die Cremeschnitten darauf anrichten.

Blätterteig selbst zu machen, ist eine Kunst und eine aufwändige Angelegenheit. Wer sich das ersparen möchte, verwendet einfach fertigen, tiefgekühlten Teig – eine kinderleichte und g'schmackige Alternative.
So gut die Cremeschnitte schmeckt, das Durchschneiden der gefüllten Teigplatten ist mitunter eine sehr schwierige Angelegenheit. Um diese zu umgehen, den Blätterteig vorher in viele kleine, durch 3 teilbare Einzelstückchen teilen und die Mühe nicht scheuen, die Portionen dann einzeln zu füllen und zusammenzusetzen. Der optische Erfolg lohnt jedoch diesen Aufwand!
Meine Mutter, eine gelernte Köchin und ebenfalls in einem Wirtshaus aufgewachsen, hat ihr Sommerpraktikum 1952 im Hotel Panhans am Semmering absolviert und von dort dieses herrliche Rezept mitgebracht. Als sie meinen Vater heiratete, begann sie im gemeinsamen Gasthaus diese Cremeschnitten zu backen – und ist damit weit über die Ortsgrenzen hinaus bekannt geworden. Doch ohne Fleiß kein Preis: Im Sommer, wenn es in der Küche recht heiß wurde, musste meine Mutter hart mit dem Butterziegel kämpfen, der dann rasch weich wurde und sich nur mehr schwer verarbeiten ließ. Doch meist ging sie aus diesem Kampf siegreich hervor. Somit ist unser Haus seit fast 70 Jahren für unsere Hauscremeschnitte berühmt, denn ich pflege diese Tradition selbstverständlich weiter.
Das Beerensoßerl ist übrigens erst durch mich zur Cremeschnitte dazugekommen: Mein Favorit ist eines aus Himbeermarmelade.

Wachauer Torte

🍴 | ⏱ 1 ½ STD. + AUSKÜHLEN LASSEN & FÜLLEN

TORTENBODEN

100 g Schokolade
7 Eier
140 g Kristallzucker
140 g geriebene Mandeln
Butter und Mehl für die Form

CREME

280 ml Schlagobers
280 g Kochschokolade

FERTIGSTELLEN

Marillenmarmelade
Schokospäne

TORTENBODEN: Die Schokolade in eine Schüssel geben und über heißem Wasserdampf weich werden lassen. Die Eier in Eiklar und Dotter trennen.

In einer Schüssel die Dotter mit dem Zucker schaumig rühren und die geschmolzene Schokolade langsam einrühren.

Das Eiklar zu Schnee schlagen, die Mandeln unterheben und das Gemisch mit der Dotter-Schoko-Masse vorsichtig vermengen.

Eine Tortenform mit flüssiger Butter ausstreichen, mit Mehl ausstreuen und die Masse einfüllen. Im vorgeheizten Backrohr bei ca. 180 °C etwa 50 Minuten backen. Noch warm herausheben und auskühlen lassen.

CREME: Die Schokolade in kleinere Stücke brechen.

Das Schlagobers in einem Topf aufkochen und die Schokolade darin auflösen.

Vom Herd nehmen und abkühlen lassen. Vor dem völligen Abstocken (Festwerden) mit der Küchenmaschine aufschlagen.

FERTIGSTELLEN: Den Tortenboden zweimal der Quere nach durchschneiden, zwei Tortenböden jeweils zuerst mit leicht erwärmter Marillenmarmelade, dann mit Schokoladecreme bestreichen. Vorsichtig aufeinandersetzen.

Mit dem dritten Tortenboden abschließen. Diesen oben ebenfalls mit Marmelade bestreichen. Die Torte rundum mit der restlichen Creme dünn einstreichen bzw. garnieren. Mit gehobelten Schokospänen bestreuen.

MEIN TIPP

Bei uns wird die Wachauer Torte seit Jahrzehnten mit Pariser Creme gefüllt, die uns Kindern natürlich sehr, sehr gut schmeckte. Daher hatte es sich meine Mutter irgendwann zur Gewohnheit gemacht, vorsorglich immer die doppelte Menge an Creme vorzubereiten, damit sowohl wir Naschkatzen als auch die Torte sicher genug davon bekamen.

Schokoladentorte (Sachertorte)

🍴 | ⏱ 1 ½ STD. + AUSKÜHLEN LASSEN & FERTIGSTELLEN
👤 1 GROSSE TORTENFORM ⊘ CA. 28 CM

TEIG: Die Butter rechtzeitig aus dem Kühlschrank geben und Zimmertemperatur annehmen lassen. Butter mit Staubzucker schaumig rühren. Die Eidotter nach und nach beigeben, dabei aber nicht mehr lange rühren! Das Kakaopulver einmengen.

Das Eiklar mit Kristallzucker zu Schnee schlagen. Mehl mit Backpulver vermengen und abwechselnd mit dem Schnee unter die Masse ziehen.

Eine große Tortenform (> Tipp) mit Butter ausstreichen und mit Mehl ausstreuen. Die Masse einfüllen und im vorgeheizten Backrohr bei 160–170 °C ca. 1 Stunde backen. Dann die Torte herausheben und auskühlen lassen.

SCHOKOLADEGLASUR: Die Schokolade in kleinere Stücke brechen. Das Schlagobers in einen Topf gießen und erhitzen. Den Honig einrühren und die zerkleinerte Schokolade im Obers auflösen, aber nicht mehr kochen lassen!

FERTIGSTELLEN: Die erkaltete Torte in der Mitte der Quere nach durchschneiden. Marmelade glattrühren und dafür evtl. ganz leicht erwärmen. Den unteren Tortenboden gut damit bestreichen, den zweiten Teil daraufsetzen und die ganze Torte rundum bestreichen.

Mit der vorbereiteten Schokoladeglasur überziehen und kühl stellen.

TEIG
300 g Butter
300 g Staubzucker
8 Eidotter
6 Eiklar
100 g Kakaopulver
75 g Kristallzucker
275 g glattes Mehl
½–1 TL Backpulver
Butter und Mehl für die Form

SCHOKOLADEGLASUR
300 g Schokolade
250 ml Schlagobers
2 EL Honig

FERTIGSTELLEN
Marillenmarmelade zum Bestreichen (> Tipp)

MEIN TIPP

Wer keine so große Tortenform zur Verfügung hat, halbiert die Menge der Zutaten einfach und bäckt daraus eine kleinere Torte (Ø etwa 25 cm).
Mit dieser Torte verbinde ich viele Erinnerungen an meine Mutter, die das Originalrezept von unserem Nachbarn Sepp Starkl, einem gelernten Konditormeister, im Jahr 1964 zur Verfügung gestellt bekam. Er war nicht nur ein begnadeter Könner seines Fachs, der seine Kreationen sogar auf der Konditorenmesse in Düsseldorf ausstellen durfte, sondern auch ein großer Verehrer meiner Mutter. Und allen Nörglern, die möglicherweise die Üppigkeit dieser Torte kritisieren, sei gesagt, dass das Rezept aus der Wirtschaftswunderzeit nach dem Krieg stammt, in der man dankbar war, dass nun wieder ausreichend Lebensmittel zur Verfügung standen. Und genau diese Lebensfreude ist in jedem Stück herauszuschmecken – für mich somit die perfekte Sachertorte!

Waldviertler Grammelkuchen

 2 STD.

GRAMMELMÜRBTEIG

260 g Grammeln
260 g glattes Mehl
1 TL Backpulver
120 g Staubzucker
1 Ei
1 Schuss Rum
Etwas abgeriebene Zitronen-schale
1 Prise Zimt
1 Prise Nelkenpulver

FERTIGSTELLEN

Ribiselmarmelade
Staubzucker

GRAMMELMÜRBTEIG: Die Grammeln sehr fein hacken oder durch den Fleischwolf drehen (faschieren).

Das Mehl mit Backpulver vermischen und mit der Grammelmasse, Zucker, Ei, Rum, Zitronenschale sowie den Gewürzen rasch mit der Hand zu einem glatten Mürbteig verkneten.

Den Teig zu einer Kugel formen und in Frischhaltefolie gehüllt ½ Stunde rasten lassen.

FERTIGSTELLEN: Etwa zwei Drittel des Teiges ca. 2 cm dick ausrollen, auf ein mit Backpapier belegtes Backblech legen und behutsam mit der geballten Faust zum Rand hin (auf die richtige Größe hin) drücken. Dick mit Ribiselmarmelade bestreichen.

Den restlichen Teig zu dünnen Rollen formen und diese gitterförmig über den Kuchen legen. Im vorgeheizten Backrohr bei 160 °C ca. 45 Minuten backen.

Aus dem Backrohr nehmen und kurz überkühlen lassen. Mit Staubzucker bestreuen.

Grammeln werden bei uns meist für pikante Gerichte verwendet. Wer jedoch einmal diesen saftigen Waldviertler Grammelkuchen gekostet hat, wird danach süchtig werden – so wie ich.

Brandteigkrapferl mit Maronicreme

BRANDTEIGKRAPFERL 🍴 | ⏱ 1 ¼ STD.
MARONICREME 🍴 | ⏱ 20 MIN. + AUSKÜHLEN LASSEN

BRANDTEIGKRAPFERL: Die Butter mit Wasser aufkochen und leicht salzen. Das Mehl langsam einrühren, die Hitze reduzieren und den Teig abbrennen, d. h. so lange am Herd rühren, bis er sich langsam vom Topf löst.

Dann den Teig vom Herd nehmen und die Eier nach und nach einrühren.

Die Masse in einen Dressiersack ohne Tülle füllen und auf ein mit Backpapier belegtes Backblech kleine Krapferl aufspritzen. Ins vorgeheizte Backrohr schieben und bei 200 °C etwa 30 Minuten backen. Herausheben und überkühlen lassen.

MARONICREME: Das Maronipüree durch ein feines Sieb streichen. Die Gelatine in Rum einweichen.

Die Eidotter mit Vanille- und Staubzucker cremig rühren. Die Maronimasse beigeben, Gelatine in Rum erwärmen und unter die Masse rühren.

Das Eiklar mit dem Kristallzucker zu Schnee schlagen. Das Schlagobers ebenfalls steif schlagen und beides unter die Maronimasse ziehen. Creme kühl stellen.

FERTIGSTELLEN: Die Brandteigkrapferl etwa im unteren Drittel quer durchschneiden. Die Creme nochmals durchrühren und die Krapferl damit füllen.

Die obere Hälfte daraufsetzen und die Krapferl mit Staubzucker bestreuen.

BRANDTEIGKRAPFERL

130 g Butter
400 ml Wasser
1 Prise Salz
320 g glattes Mehl
6 Eier
Staubzucker

MARONICREME

250 g Maronipüree
2 Blatt Gelatine
2 EL Rum
2 Eidotter
1 EL Vanillezucker
1 EL Staubzucker
1 Eiklar
1 EL Kristallzucker
125 ml Schlagobers

MEIN TIPP

Die Krapferl schmecken ganz wunderbar, wenn sie zusätzlich noch mit Schokoladesauce (> S. 171) überzogen werden!
Statt mit Maronicreme können die Brandteigkrapferl natürlich auch einfach mit geschlagenem und leicht gezuckertem Obers oder einer feinen Schokoladecreme (> Wachauer Torte, S. 176) gefüllt werden.

Dank

....

Mit besonderer Liebe und Dankbarkeit blicke ich auf meine Kindheit und Jugend zurück: in Erinnerung an meine Eltern, die mich mit viel Wärme, Liebe und Humor begleitet haben, mir dabei aber meine Eigenständigkeit und Freiheit gelassen haben. Ein Danke natürlich auch an meinen Mann Helmut, der mich immer unterstützt hat, und an meine drei Söhne – ihr seid wunderbare Menschen geworden!

Großes Dankeschön auch an meine Mitarbeiter, allen voran unsere Astrid, die langjährige lustige und gute Seele, die das Service „schupft". Dank aber auch an Dominik in der Küche, ohne dessen tatkräftige Unterstützung dieses Buch nicht rechtzeitig fertig geworden wäre. Großes Lob und Danke an all meine guten Helferlein!

Glossar

*Die österreichische Küche wird nicht nur durch typische Rezepte geprägt,
sondern auch durch eine ganz spezielle Küchensprache.*

ABSCHRECKEN: gekochte Zutaten mit kaltem Wasser übergießen oder in kaltes Wasser geben und dadurch rasch abkühlen

ABSPRUDELN: etwas locker verquirlen, z. B. Eier mit Milch

ANLAUFEN LASSEN: klein geschnittene Zwiebeln, Speck etc. in Fett sanft anbraten

ANSCHWITZEN: siehe anlaufen lassen

APFERL: kleiner Apfel

AUGSBURGER: der Knackwurst ähnliche Wurstspezialität

AUSLASSEN: kleinwürfelig geschnittenen Speck, aber auch Schweinefilz (Schmer) langsam braten, bis das Fett austritt

BACKHENDE(R)L: sehr beliebte Zubereitungsart von Hühnerteilen, die in Mehl, Eiern und Bröseln paniert und in Fett herausgebacken werden

BEINFLEISCH: typisches Siedefleischgericht, aus dem Vorderviertel des Rindes geschnitten und wie Tafelspitz gekocht

BEIRIED: ausgelöstes Rindsrippenstück, gerne für Rostbraten verwendet, kann auch im Ganzen gebraten werden

BEUGERL, BIEGERL: Hühnerkeule, auch Hühnerhaxerl

BEUSCHE(R)L: typisches Innereienragout aus Lunge und Herz (meist vom Kalb), das pikant gewürzt und leicht sämig sein muss

BISKOTTE: Löffelbiskuit

BLANCHIEREN: kurz mit siedendem Wasser überbrühen

BLUNZ'N: Blutwurst

BRATHENDERL: im Backrohr knusprig gebratenes ganzes Huhn; kann auch gefüllt werden

BRIES: Kalbsmilch (Thymusdrüse), die kurz angebraten oder wie Schnitzerl paniert und in Öl oder Butterschmalz herausgebacken wird

BRIMSEN: Schaffrischkäse, der vor allem für Liptauer verwendet wird

BRÖSEL: Kurzform für Semmelbrösel, Paniermehl

BUCHTEL: Ofennudel; Mehlspeise aus Germ- bzw. Hefeteig, oft mit Marmelade gefüllt

BUMMERLSALAT: Eisbergsalat

BURENWURST: typische Wurstspezialität, relativ fett und kräftig gewürzt; auch als Käsekrainer erhältlich

BUTTERSCHNITZERL: Frikadelle, Bulette aus faschiertem Kalbfleisch

DALKEN: kleine Mini-Pfannkuchen aus Hefeteig

DAMPFL: Vorteig beim Zubereiten von Hefeteig

DARIOLFORMEN: kleine Portionsförmchen zum Backen von Soufflés etc.

DEBREZINER: relativ scharf paprizierte Brühwurst

DOTTER: Eigelb

EIERSCHWAMMERL: Pfifferlinge

EIKLAR: Eiweiß

EINBRENN(EN): braune Mehlschwitze; in Butter dunkel angeschwitztes Mehl zum Eindicken von Suppen oder Saucen

EINGEMACHTES: mit heller Mehlschwitze zubereitetes Ragout aus Fleisch oder Gemüse

EINKOCHEN: für intensiven Saucengeschmack Flüssigkeit bei großer Hitze so lange kochen, bis ein Teil davon verdampft ist; auch: frisches Obst zu Marmelade verkochen

EINMACH: helle Mehlschwitze; in Butter hell angeschwitztes Mehl zum Eindicken von Suppen, Saucen

ERDAPFEL, ERDÄPFEL: vor allem in Ostösterreich gebräuchlicher Ausdruck für Kartoffel

ESSIGGURKERL: kleine in Essigwasser pikant eingelegte Gurken, die kalt gegessen, aber auch zum Verfeinern von Saucen verwendet werden

FARCE: Füllmasse

FASCHIERTES: durch den Fleischwolf gedrehtes Hackfleisch

FISOLE: grüne Bohne

FLECKERL: kleine Nudelquadrate, z. B. für Schinkenfleckerl verwendet

FLEISCHHAUER: Metzger

FRITTATEN: Flädle, fein geschnittene Palatschinken (Pfannkuchen), die als Suppeneinlage verwendet werden

FRÜHSTÜCKSSPECK: nicht zu fetter Räucherspeck

GANSL: Verniedlichungsform für Gans

GELBE RÜBE: Möhre

GERM: Hefe

GESELCHTES: Sammelbegriff für geräuchertes Fleisch, das meist vom Schwein stammt (Karree, Schopfbraten)

GRAMMELN: Grieben

GRÜNER SPECK: ungeselchter Speck

GUGELHUPF: Napfkuchen

GURKERLWASSER: Essigwasser, in das kleine Essiggurken eingelegt wurden; wird auch zum Abschmecken von Saucen verwendet

HAXERL: Hühnerkeulen (Hendlhaxerl) oder kleine Stelzen (Eisbein)

HEIDELBEEREN: Blaubeeren

HENDERL: Verkleinerungsform von Huhn, Hühnchen

HERAUSBACKEN: in einer tiefen Pfanne in heißem Fett (Öl, Butter- oder Schweineschmalz, Kokosfett etc.) goldgelb frittieren

HOLLER: Holunder

JAUSE: Brotzeit, kleiner Imbiss

KALBSVÖGERL: kleine, saftige Kalbfleischstückchen von der Hesse, die am besten gedünstet werden

KARFIOL: Blumenkohl

KAROTTE: Mohrrübe

KEKS(ERL): kleines süßes Plätzchen

KERNFETT: Rindsnierenfett, das einen ganz typischen Geschmack vermittelt, der in der altösterreichischen Küche, vor allem bei Gulasch, sehr geschätzt wurde

KERNÖL: aus Kürbiskernen gewonnenes dunkles, sehr aromatisches Speiseöl

KIPFERL: kleine Hörnchen

KLETZEN: gedörrte Birnen

KLOBASSE: sehr pikante und würzige Wurstspezialität, die gekocht oder gebraten wird

KNACKER, KNACKWURST: Wurstspezialität, die gebraten oder als kalte Jause gerne mit Zwiebeln, Essig und Öl gegessen wird

KNÖDEL: Kloß

KOCH (DAS): Soufflé, Auflauf

KOHL: Wirsing

KOHLSPROSSERL: Rosenkohl

KRAPFERL: kleine Krapfen, rund geformte Teigstücke, die meist in Fett herausgebacken werden

KRAUT: Weißkohl

KREN: Meerrettich

LABERL: Verkleinerungsform für Laibchen, vor allem Fleischlaibchen

LEBERKÄSE: Wurstspezialität, die weder Käse noch Leber enthält; Fleischkäse

LIPTAUER: typischer Aufstrich aus Brimsen, Butter und allerlei pikanten Zutaten

LUNGENBRATEN: edles Filetstück vom Rind oder Schwein

MARILLE: Aprikose

MARMELADE: Konfitüre

MARONI: Edelkastanie

MEHLSPEISE: allgemeiner Begriff für warme und kalte Süßspeisen

MOST: Apfelwein

NIERNDLN: Verkleinerungsform für Nieren, meist vom Schwein oder Kalb

NOCKERL: klein geformte Spätzle bzw. Sammelbegriff für oval geformte Gerichte (Fischnockerl) oder Mehlspeisen (Schneenockerl)

NUDELWALKER: Rollholz

OBERS: Kurzform für Schlagobers (Schlagsahne)

OCHSENHERZ: besonders große und aromatische Fleischtomate

OMELETT(E): Eierkuchen

PALATSCHINKE: Pfannkuchen

PARADEISER: in Ostösterreich gebräuchliche Bezeichnung für Tomate

PASTETENGEWÜRZ: Gewürzmischung, die Pasteten u. Ä. eine besonders würzige Note verleiht und aus Pfeffer, Piment (Neugewürz), Muskat, Nelken etc. gemischt wird

PINZE: Brauchtumsgebäck aus Germteig, das vor allem zu Ostern gebacken wird

POCHIEREN: bei sanften Temperaturen in Wasser oder im Wasserbad garen

POWIDL: Pflaumenmus

RAHM: Kurzform für Sauerrahm, Saure Sahne

REIBGERST(E)L: Rollgerste, Graupe

RIBISEL: Johannisbeere

RIPPERL: Verkleinerungsform für Rippen

RÖSTER: gedünstetes Obst (z. B. Zwetschkenröster) als Beilage zu warmen Süßspeisen (z. B. Kaiserschmarren)

ROSTBRATEN: Rindfleischschnitte (Hohes Roastbeef, Hochrippe) zum kurzen Braten oder längeren Dünsten

ROTE RÜBE: Rote Bete

ROTKRAUT: Rotkohl

SAUERKRAUT: Sauerkohl

SAUERRAHM: Saure Sahne

SAUMAISEN: Spezialität aus geräuchertem Fleisch, das von Schweinsnetz umhüllt und dann gekocht wird

SCHLAGOBERS: Schlagsahne

SCHMARREN: typische Mehlspeise, bei der eine angebackene, omelettenähnliche Masse in Stücke gerissen wird (Kaiserschmarren)

SCHÖBERL: beliebte Suppeneinlage in Form kleiner geformter Bällchen, meist aus Biskuitteig

SCHWAMMERL: Sammelbegriff für Pilze

SCHWART(ER)L: Schwarte, Fetteindeckung mit (enthaarter) Haut des Schweines, die bei manchen Gerichten mitgebraten bzw. -gekocht wird (Schweinsbraten, Stelzen, Sulz)

SELCHSPECK: Räucherspeck

SEMME(R)L: Brötchen

SEMMELBRÖSEL: Paniermehl

STAMMERL: kleiner Zweig

STAUBEN: etwas mit Mehl oder Staubzucker bestreuen

STAUBZUCKER: Puderzucker

STELZE: Eisbein, Haxe

SULZ(ERL): Sülze, Presssack

SURBAUCH: gesurter (gepökelter) Schweinebauch

SUREN: pökeln

TAFELSPITZ: klassisches Wiener Siedefleischgericht, das aus dem Rindsknöpfel (Rinderkeule) geschnitten wird

TOPFEN: Quark

VELTLINER: Kurzform für Grüner Veltliner, eine typische Weißweinsorte

VERSPRUDELN: verrühren, verquirlen

WADSCHINKEN (WADSCHUNKEN): beliebtes Siedefleisch aus der Rinderhesse

WASSERBAD: mit Wasser gefülltes Gefäß (Wanne oder Kessel), über das abermals ein kleineres Gefäß (Schüssel) platziert wird, in dem eine empfindliche Masse aufgeschlagen oder gegart wird

WURZELWERK: gemischtes Suppengemüse und Wurzeln zum Kochen von Suppen, Saucen und Fonds

ZWEIGERL: kleiner Zweig

ZWETSCHKE: Pflaume

Rezepte im Überblick

Register

Das Autorenteam

ULLI AMON-JELL
führt seit 1990 das traditionelle, seit 1897 in Familienbesitz befindliche Gasthaus Jell in Krems an der Donau, wo sie mit Liebe und Schwung bodenständige österreichische Küche serviert.

RENATE WAGNER-WITTULA
geb. in Addis Abeba, aufgewachsen in Linz, ist Autorin zahlreicher erfolgreicher Kochbücher, u. a. bei Pichler „Die Österreichische Küche" und „Oberösterreichische Küche" (2015/2016, beide mit Ingrid Pernkopf).

STYRIA BUCHVERLAGE

Wien – Graz – Klagenfurt
© 2017 by Pichler Verlag
in der Verlagsgruppe Styria GmbH & Co KG
Alle Rechte vorbehalten.
ISBN 978-3-222-14007-5

Bücher aus der Verlagsgruppe Styria gibt es in jeder Buchhandlung und im Online-Shop www.styriabooks.at

Buchkonzept & Lektorat: Elisabeth Blasch
Cover: Emanuel Mauthe
Buch- & Umschlaggestaltung: Maria Schuster

Druck und Bindung: Finidr
7 6 5 4 3 2 1
Printed in the EU

Rezeptfotos & Coverfoto: *Peter Barci*

Weitere Fotos:
Fotolia.com: S. 4 (lainen), 7 o. l. (ji_images), 7 o. r. (Andrey Cherkasov), 7 m. r. (mmphoto), 7 u. l. (Mumpitz), 7 u. r. (jarvna), 34 o. l. (Karl Allen Lugmayer), 34 o. r. (DoraZett), 34 m. l. & m. r. (visualpower), 34 u. l. (danielbahrmann), 36/37 (vatchara), 52/53 (Printemps), 68 u. l. (travelview), 68 u. r. (borisb17), 79 o. r. (Franz Peter Rudolf), 79 m. l. (jarvna), 79 m. r. (motorolka), 79 u. r. (ernstboese), 84/85 (kichigin19), 133 m. l. (victoria p.), 133 m. r. (Brigitte Bonaposta), 150/151 (LianeM).
Shutterstock.com: S. 68 o. l. (Matt Ledwinka), 68 o. r. (Henner Damke), 79 u. l. (Bildagentur Zoonar GmbH).
Philipp Jongen: S. 2, 7 m. l., 10/11, 34 u. r., 68 m. l., m. l., u., 111 o., m. l., u., 133 m. l., u., 185.
Archiv Ulli Amon-Jell: S. 27.
Maria Schuster: S. 79 o. l., Vor-/Nachsatz.
Elisabeth Blasch: S. 111 m. r.
Peter Barci: S. 192 o.
Arnold Pöschl: S. 192 u.